学生心理教育

《"四特"教育系列丛书》编委会 编著

吉林出版集团股份有限公司
全国百佳图书出版单位

图书在版编目 (CIP) 数据

学生心理教育／《"四特"教育系列丛书》编委会编著.
—长春：吉林出版集团股份有限公司，2012.4
（"四特"教育系列丛书／庄文中等主编. 班主任治班
之道）

ISBN 978-7-5463-8780-2

I.①学… Ⅱ.①四… Ⅲ.①中小学生－心理教育
Ⅳ.① G479

中国版本图书馆 CIP 数据核字（2012）第 044605 号

学生心理教育
XUESHENG XINLI JIAOYU

出 版 人	吴 强	
责任编辑	朱子玉 杨 帆	
开 本	690mm×960mm 1/16	
字 数	250 千字	
印 张	13	
版 次	2012 年 4 月第 1 版	
印 次	2023 年 2 月第 3 次印刷	

出 版	吉林出版集团股份有限公司	
发 行	吉林音像出版社有限责任公司	
地 址	长春市南关区福祉大路 5788 号	
电 话	0431-81629667	
印 刷	三河市燕春印务有限公司	

ISBN 978-7-5463-8780-2   定价：39.80 元

前　言

　　学校教育是个人一生中所受教育最重要的组成部分,个人在学校里接受计划性的指导,系统地学习文化知识、社会规范、道德准则和价值观念。学校教育从某种意义上讲,决定着个人社会化的水平和性质,是个体社会化的重要基地。知识经济时代要求社会尊师重教,学校教育越来越受重视,在社会中起到举足轻重的作用。

　　"四特教育系列丛书"以"特定对象、特别对待、特殊方法、特例分析"为宗旨,立足学校教育与管理,理论结合实践,集多位教育界专家、学者以及一线校长、老师们的教育成果与经验于一体,围绕困扰学校、领导、教师、学生的教育难题,集思广益,多方借鉴,力求全面彻底解决。

　　本辑为"四特教育系列丛书"之《班主任治班之道》。班主任是教师队伍的重要组成部分,是班级工作的组织者、班集体建设的指导者、学生健康成长的引领者,是思想道德教育的骨干,是沟通家长和社区的桥梁,是实施素质教育的重要力量。班主任工作是学校教育中极其重要的育人工作,既是一门科学,也是一门艺术。班主任工作既包括日常的教学管理,也包括班级文化建设。

　　本辑共20分册,具体内容如下:

　　1.《管好班干部》

　　班干部是班集体的核心,也是班级的"火车头",这个"头"带的好不好,马力足不足,直接影响到整个班级的运转。有了优秀的班干部队伍,班级各项工作就会顺利开展,班级面貌就会生机勃勃;反之,班级就是一盘散沙,集体就会涣散无力。因此,如何培养一支素质高、能力强的班干部队伍,显得尤为重要。本书对班主任如何管理好班干部进行了系统而深入的分析和探讨,并提出了解决这一问题的新思路、可供实际操作的新方案,内容翔实,教案丰富,对中小学班主任颇有启发意义。

　　2.《带班的技巧》

　　本书讲述的常见问题与解决策略,绝大多数来自新时期一线班主任的教育实践,因此,其实用性和可操作性是不言而喻的。同时.本书又不拘泥于就"问题"论"问题",而是透过现象看本质,善于引导新班主任们看到问题背后更深层次的东西,从而看得更远、想得更深、悟得更多。

　　3.《全能班主任》

　　优秀的班主任是如何炼成的? 他们的成长要经过多少道磨练? ……本书对优秀班主任成长必经的多项全能进行了深刻剖析与精彩演绎。

　　来自一线最真实的问题,来自一线最优秀班主任的"头脑风暴",来自全国著名班主任的点拨,使得本书在浩如烟海的班主任培训用书中脱颖而出。

4.《拿什么约束班主任》

班级是学校进行教育、教学工作的基本单位。班主任是班集体的组织者、教育者和指导者,是学校领导实施教育、教学计划的直接执行者,是指导团队开展工作的重要力量,是沟通学校、家庭、社会三结合教育渠道的桥梁。为了能更好地体现新课程改革对班主任工作的要求,进一步规范班主任工作的管理,明确班主任工作职责,促进班级工作的开展,建立良好的班风、校风,班主任教师除了在工作中讲究技巧性和艺术性外,还应该有严格的工作要求与便于实践操作的基本规范。

5.《班主任的基本功》

班主任工作十分繁杂,头绪很多,要想成为一名优秀的班主任,应当从事务堆中解脱出来,始终保持清醒的头脑,以明确自己的使命。本书全方位地阐述了新时期做好班主任应具备的各方面要素;它从班主任实际工作出发,从工作中出现的问题入手,再到详细地分析问题的成因,最后提出解决问题的方法、策略或建议。本书反映了我国新时期有关班主任工作的方针、政策的新动向,反映了班主任教育理念发展的新趋势,同时也反映了班主任工作实践活动的新发展。

6.《从细节入手》

班主任是班级的组织者、协调者、领导者和教育者,他是距离学生最近、与学生接触最多、对学生影响最大的老师。他的管理、他的教育影响的发挥在很大程度上取决于对教育细节的把握。细节虽小,却能透射出教育的大理念、大智慧。一个成功的班主任,一定是一个关注细节、善于利用细节去感染、教育和管理学生的人。

7.《班主任谈心术》

当前,青少年心理健康问题已成为全社会越来越关注的焦点。因青少年心理问题引发的违法犯罪等社会问题,也呈日趋上升的态势。现代教育的发展要求教师"不仅仅是人类文化的传递者,也应当是学生心灵的塑造者,是学生心理健康的维护者"。作为一班之"主"的班主任,能否以科学而有效的方法把握学生的心理,因势利导地促进各种类型学生的健康成长,将对教育工作的成败有决定性的作用。但是,面对性格迥异,出身、家庭等各有不同的学生,如何走进他们的心灵、倾听他们的心声、解决他们的思想问题?本书将一一为您解答。

8.《班主任治班之道》

班级是学校的基础"细胞"。班级管理搞好了,学校的教育、教学工作才会得以顺利。正如赫尔巴特所说:"如果不坚强而温和地抓住管理的缰绳,任何功课的教育都是不可能的。"可见班级管理工作是多么的重要。而班主任作为班级的组织者、管理者,做好班级的管理就成为班主任工作的重中之重。

9.《怎样开好班会》

主题班会可以锻炼学生的活动能力,开拓他们的眼界。如何设计好一场别开生面的主题班会,寓教于乐,从思想上和情感上润物无声,对学生起到特殊的教育作用,这本手册是您的最好选择。分类细,立意精,内容新,一册在手,开班会不愁!

10.《突发事件应对》

书中列举的大量真实生动的案例,无不充满智慧,充满心与心的交流。书中的一幕幕校园闹剧,让人有种似曾相识的感觉;书中老师的"斗智斗勇",让人感到耳目一新,由衷叹服,不禁感慨教育真是一门充满智慧的学问!

11.《学生人格教育》

本书从人格类型入手,对教师和学生的人格类型进行了划分;再结合大量实证研究和教学实践个案,提出了教师应如何巧妙地根据学生的心理类型,在全班教学的同时又针对类型差异,进行适应个别差异的教学和管理,以满足学生的需要来激发学生的学习兴趣,进而提高教学效率,使每个学生得到适合自己的发展。阅读本书,教师不仅能够掌握更有效的教学方式、让学生喜欢上学习、提高教学质量,而且能够对自己有更进一步的了解,有利于教师的自我成长。

12.《学生心理教育》

当前我国教育改革和发展面临的重大任务和时代主旋律,是全面实施和推进素质教育。素质教育的重要内容和目标之一,就是培养学生良好的心理素质,提高学生的心理健康水平。而要想培养和发展学生的心理素质,最重要的方法就是面对全体学生系统地开展心理健康教育。本书就是一本供中小学生心理健康教育用的书,有助于引导中小学生领悟到相关的理念、知识和方法。

13.《学生遵纪守法教育》

对广大青少年的遵纪守法教育应根据其认识水平,从纪律教育入手,让他们从小建立起规则意识。而且要明确所在学校的校规,所在班级的班规;要了解学校的各种制度。由学校的一些纪律制度,推而广之,让青少年对必要的社会公共秩序的规定也要有所了解。同时,要青少年明白人小也要守法。本书以青少年为主要读者对象,目的是让青少年读者感受到遵纪守法的必要性。

14.《学生热爱学习教育》

本书通过大量实例,深入浅出地剖析了动机的重要性和来源,教您如何激发学生投入学习的动机,怎样鼓励学生完成学习任务,还告诉您怎样及时遏制学生在课堂上的不当动机。掌握了激发学生学习动机的策略之后,您会发现,让学生都爱学习,已不再只是梦想,它正在慢慢变为现实。

15.《学生热爱劳动教育》

教育与生产劳动相结合是我党教育方针的重要组成部分,是我们坚持社会主义教育方向的一项基本措施。要搞好教育与生产劳动的有机结合,必须首先教育学生热爱劳动,使每个学生对劳动产生渴望,感到劳动是一种欢乐,是一种享受。当学生能从劳动中取得乐趣时,劳动教育才算获得成功。

16.《学生热爱祖国教育》

热爱祖国是中华民族的传统美德,是每个公民的神圣义务。"以热爱祖国为荣,以危害祖国为耻"不仅是一个普通的道德准则,也是公民的生活规范。爱国主义是维护中华民族大团结,促进社会大发展的主要精神动力,是中华民族最基本、最重要的传统美德。爱国主义,也是对自己祖国和人民的深厚感情。

17.《学生热爱社会教育》

构建社会主义和谐社会,必将为青少年健康成长创造一个优良的社会环境。同时,加强青少年社会教育,促进青少年健康成长,对于促进社会主义和谐社会建设,也具有十分重要的意义。社会的持续发展,持续和谐,在很大程度上取决于今天的青少年能否成为未来社会的合格成员,而培养合格的社会成员,仅靠学校教育、家庭教育是不够的,必须坚持学校教育、家庭教育和社会教育相结合。

18.《学生热爱科学教育》

当你们看着可爱的动画片,玩着迷人的电脑游戏,坐上快速的列车,接听着越洋电话的时候,⋯⋯你可曾意识到科学的力量,科学不仅改变了这个世界,也改变了我们的生活,科学就在我们身边。科学技术的日新月异,使得科学不只为尖端技术服务,也越来越多地渗透到我们的日常生活之中,这就需要正处于青少年时代的我们热爱科学,学习科学。

19.《学生热爱环境教育》

我们不是从祖先那里继承了地球,而是从子孙那里借用了地球。宇宙无垠,地球是一叶扁舟,人类应该同舟共济。地球能满足人类的需要,但满足不了人类的贪婪。森林是地球的肺,我们要保护森林。水是生命的源泉,珍惜水源也就是珍惜人类的未来。拯救地球,从生活中的细节做起。对待环境的态度,表现着一个人的素质和教养。人类若不能与其它物种共存,便不能与这个星球共存。幸福生活不只在于衣食享乐,也在于碧水蓝天。

20.《学生热爱父母教育》

专家认为教育首先是让孩子"成人",然后再是"成才"。要弄清成绩、成人与成才三者的关系,谨防"热爱教育"缺失造成的心灵成长"缺钙"现象。对一个孩子健全人格的培养,最关键的要让他做到几点:热爱父母,能承受挫折、吃得起苦,有劳动的观念。热爱父母,才能延及热爱社会、热爱人生。

由于时间、经验的关系,本书在编写等方面,必定存在不足和错误之处,衷心希望各界读者、一线教师及教育界人士批评指正。

编者

目　录

第一章

学生阳光心理教育的理论指导

1. 学生阳光心理的主要内涵

学生阳光心理主要包括以下五个方面的内容：

认识自我，追求更好

认识自我是自我发展、自我教育的前提。每个人都应树立明天比今天更美好的目标。这就要求教师在课堂教学中：

（1）重视学生在学习目标上的差异性。做到下要保底、上不封顶；关注学生的学习过程先耐心真诚地倾听学生是怎么想的，然后再根据学生的想法加以引导。

（2）要重视学生在学习过程中的反思。如在课堂上师生、生生之间进行了热烈的讨论或争论后，教师一定要留出时间，让每个学生都想一想讨论后的收获，因为即时反思，效果更好。在每堂课中，教师都要鼓励学生努力做最好的自己。

真诚善良，宽容尊重

课堂教学活动是师生之间、生生之间的互动交流活动，也就是根据一定的目的、一定的内容，在一定的时间内生命体之间的交流。人与人之间的沟通、交流注意：

首先要真诚，谁有比自己更好的学习策略和学习品质，就应该虚心地向谁学习。当有同学学习有困难，答错题时，就应该予以帮助。如有学生不会回答问题或答错了，教师是否可以这样说："看来你现在有点困难，没关系的，老师建议你请你的好朋友来帮你一下。"总之，我们请一位学生站起来，一定要让他体面地坐下，这是一种心理上的呵护。

其次，教师一定要学会倾听，倾听不仅仅是一种行为，更是对人的一种尊重。

最后，教师一定要宽容学生的错误。学生是未成年人，是在成长和发展中的青少年，从某种角度上讲，犯错误是学生的权利。每个人的人生之路总不是很平坦的，教师要让学生懂得成功是精彩的，失败是美丽的，让学生在课堂中能经受失败，以增强其受挫能力。

心态平和，积极快乐

心态平和，从课堂教学来思考：

（1）要有一颗平常心。也就是对自己的学习目标要从自己原有的水平出发，同学之间既要相互学习，把比自己学得好的同学做榜样；更要倡导自己和自己比，自己只要在不断进步，就是好学生。

（2）要有一颗自信心。在课堂上，教师要根据每个学生的情况，为每个学生搭建展示的舞台，让每个学生在舞台上体验一份成功，体验一份快乐和自信；

（3）要有一颗责任心。在课堂上，教师要重视学生自我评价、自我检查的学习习惯的培养；

（4）要重视多元思维。即让学生从不同的角度思考，用不同的策略解决问题，并引导学生把这种课堂中的多元思维迁移到日常生活、学习和人际交往中去，保持一种积极向上、乐观快乐的心态。

合作交流，互动分享

在新课标"自主、合作、探究"的学生课堂学习方式中，教师要强调合作、交流一定要建立在个人劳动的基础上。如在课堂中有争论，某一个问题有多种解题策略，教师先要让每个学生动笔、动脑、动手自己做一做、想一想，在此基础上再让学生进行小组合作交流，这样让学生在合作交流活动中不仅体验到个人的智慧有限，需要向别人学习，而且能感受到互动分享的快乐。

务实诚信，讲究效率

学习活动是一种非常务实的活动。教师一定要重视学生实事求是作风的培养，而且要讲究效率。在课堂活动中，教师要学生讨论或做题，一定要有时间观念。

2. 阳光教育与教育者的责任

教师要有阳光的心理

在课堂教学中，教师要重视学生阳光心理的培养，自己首先要有阳光的心理。教师对自己所从事的职业、对每个学生要有一种爱，要有一种情，要有一种责任，把职业提升为自己一生为之奋斗的事业。

其次，教师要读好一本书，即青少年这本书。教师要教育学生，先要了解他们，要了解不同年龄阶段、同一年龄阶段不同学生以及同一学生不同状态下的心理需求。教师一方面要满足每个学生合理的需求，这样学生才能有快乐的心理。把快乐给学生，我认为，这就是教师对学生的爱。另一方面，对学生不合理的需求，教师要加以引导、教育，这是教师的责任。

教师不仅要读好学生这本书，更要写好一本书，也就是教师的模范行为。要让学生做到的，教师要先做到。这种无声的教育对学生来说，是一本生动的教材。这真是无声胜有声，润物细无声啊！最后，教师要认真地对待三个"天"，即要如实地反思昨天、自信地面对今天、理智地展望明天。教师要重视三个"我"，即理想中的我、现实中的我、别人心目中的我。教师要记住三句话，即我是重要的、我是能干的、我是快乐的。一批阳光、智慧的教师一定能够

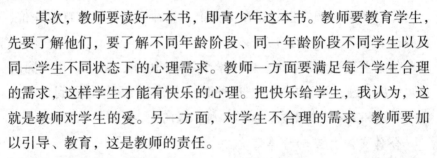

造就一代阳光、智慧的学生。

教师要有责任感

（1）重视课堂氛围。教师要重视教学良好氛围的营造、科学的课堂环节的设置、课堂资源的选择和合乎人情的评价。

（2）重视学生学习。教师要重视学生学习中"爱学"和"会学"的良性循环的形成。爱学是会学的动力，会学是爱学的强化。

（3）重视课堂教学。教师要重视课堂教学的六个维度：长度，即在有限的可用时间内增加课堂教学的实用时间；宽度，即教师为每个学生服务，也就是在课堂中力争满足每个学生的合理需求，在阳光的课堂中培养学生的阳光心理；高度，即教师课堂教学的创造性，要重视教师个人教学风格的构建；密度，即课堂教学内容及学生的参与度；深度，即学生知识技能学习过程中，学科思想方法和学习策略的自然渗透；适度，教师的教和学生的学均要寻找适合自己的，因为适合自己的就是好的。

（4）重视学习素质。如学习的驱动系统、智力系统、操作系统、认知系统和元认知系统及学习的资源管理系统的培养。

（5）重视教学细节。如评价语言、体态语言等，教师的一言一行总是教学理念的外在表现，所以教师要加强自身的学习，在课堂教学的实践中不断提高对自己的认识。教师要善于区分青少年成长中的正常心理状态、心理问题及品德问题三者之间的关系。对心理发展中的正常心理状态要善待；对心理问题，要善于耐心地、真诚地沟通和引导；对品德问题，则要进行严肃的批评和教育。

（6）重视家校整合。阳光心理是良好的综合教育的结果，教师不仅要家访，也要倡导家长进行"校访"。家校整合可以提高我们教育的实效性。

3. 课堂培养学生阳光心理教育指导

有效课堂教学是每位教师不懈追求的目标，而课堂教学能否促进每个学生的健康成长，应该是评价有效课堂教学的指标之一。学科知识如果没有经过教师情感和心灵世界的加温，只能让学生变得越来越冷漠。因此，教师应该思考在课堂教学中如何让每个学生在知识技能的学习过程中拥有阳光的心理，让每个学生真正快乐的学习和成长。

阳光心理的主要内涵

中国科学研究院张梅玲教授认为阳光心理主要包括以下五个方面：

（1）认识自我，追求更好。认识自我是自我发展、自我教育的前提。每个人都应树立明天比今天更美好的目标。这就要求教师在课堂教学中：

一要重视每个学生在学习目标上的差异性；

二要关注学生的学习过程；

三要重视学生在学习过程中的反思。在每堂课中，教师都要鼓励学生努力做最好的自己。

（2）真诚善良，宽容尊重。人与人之间的沟通、交流，首先要真诚，我们请一位学生站起来，一定要让他体面地坐下，这是一种心理上的呵护。其次，教师一定要学会倾听。倾听不仅仅是一种行为，更是一种尊重。最后，教师一定要包容学生的错误。每个人的人生之路总不是很平坦的，教师要让学生懂得成功是精彩的，失败是美丽的，让学生在课堂中能经受失败以增强其受挫能力。

（3）心态平和，积极快乐。心态平和，从课堂教学来思考：

一要有一颗平常心，要倡导自我比较，只要不断进步，就是好学生；

二要有一颗自信心，在课堂上，教师要根据每个学生的情况，为每个学生搭建展示的舞台，让每个学生在舞台上体验一份成功，体验一份快乐和自信；

三要重视多元思维的训练，即让学生从不同的角度思考，用不同的策略解决问题，并引导学生把这种课堂中的多元思维迁移到日常生活、学习和人际交往中去，保持一种积极向上、乐观快乐的心态。

（4）合作交流，互动分享。在新课标"自主、合作、探究"的学生课堂学习方式中，教师需要强调合作、交流一定要建立在个人劳动的基础上。如在课堂中有争论，某一个问题有多种解题策略，教师先要让每个学生动笔、动脑自己做一做、想一想，在此基础上再让学生进行小组合作交流，这样让学生在合作交流活动中不仅体验到个人的智慧有限，需要向别人学习，而且能感受到互动分享的快乐。

（5）务实诚信，讲究效率。学习活动是一种非常务实的活动。教师一定要重视学生实事求是作风的培养，而且要讲究效率。在课堂活动中，教师要学生讨论或做题，一定要有时间观念。

教师的心理素质与学生阳光心理的关系

为人师表，自己首先要有阳光的心理，才能为学生阳光心理的培养做好示范作用。当今社会对教师职业的要求过高，而教师工作实际上是一种持续紧张的脑力劳动，任务繁重，这些因素都导致教师压力过大，但教师看问题的角度不同，自身人格魅力及自我意识都不尽相同，最终每个人的心理素质也不同，应对学生及事业问题的态度也不同。但教师心理健康是学生心理健康发展的保证，这就要求无论教师个体有多大的差异，但面对学生和自己的事业都要有爱，有情，有责任，爱心会使人感到受尊重和爱护，并感到自己的价值，从而促使学生可以畅所欲言，毫无顾忌地剖析自我并激起自我改变的信心和勇气。

相信如果每个教师都坚信：我是重要的、我是能干的、我是快乐的，那么这些阳光、智慧的教师一定能够造就一代阳光、智慧的学生。

课堂教学中教师的三个关注点

（1）重视良好氛围的营造，促进师生心理相融。罗杰斯指出，一个人只有获得"心理安全"与"心理自由"，才能使他成为真正的自己，可以安全、自由地思想和感受。课堂上学生本身的特点和教学环境的特点会发生交互作用，并影响他们对学习任务的取向，而不同的学习取向会造成不同的学习结果。良好开放的教学环境有利于达到多元化教学并兼顾个别需要，可以增加师生、生生之间互动的机会，给学生更多交流、合作、探索、建构的机会。它体现的是一种人文关怀。比如我们可以尝试开放的"马蹄型"、"环型"、"圆型"、"小组型"、"月牙型"等多种组织模式，既能促进课堂上的互动和交流，又能拉近师生之间、学生之间的空间和心理距离，增加课堂上言语和非言语的交流，最大限度地调动学生学习的主动性和广泛参与的积极性。

（2）倡导交往与对话，提高课堂沟通有效性。有效的课堂教学应恢复它本来的面目，倡导教学活动中正常的交往与对话，提高课堂沟通的有效性。言语和体态语是课堂上有效沟通的两种重要途径，诸如积极的情绪、亲切的口气、关切的眼神、友善的态度、真诚的微笑等，教师的一言一行总是教学理念的外在表现，所以教师要加强自身的学习，在课堂教学的实践中不断提高对自己的认识。

（3）运用期待效应，激发学生成就动机和学习潜能。学生的学习动机，会受到他们每天在课堂上所获得的教师期望的影响，他们会将这种期望延伸到今后的学习中。学生一旦在课堂上感觉到教师对自己给予期望，他们的成就动机就会被极大地激发，他们在困难任务中就会坚持不懈。课堂上教师应尽可能的对学生持有积极的期望效应，对全班和各个学生都设置一个清晰而又切合实际的目标，并激发他们朝着实现这些目标不断迈进。

4. 班主任培养学生健康心理教育指导

美国心理学家特尔曼曾经说："一个人取得成功的因素不在于智力、学历等，而在于是否具备有自信心、进取心、意志力等健康心理品质。"在某种意义上可以说，健康的心理品质是现代人所应具备的重要素质，是一个人打开成功之门的金钥匙。同样，在班级工作中，我们会发现许多优秀班集体的形成都源于它们拥有良好的健康的集体心理品质。因此，培养学生健康的心理品质是班主任当前开展班级工作中一项非常重要的工作。

由于学生所处的年龄阶段的差异，导致学生在心理上的偏差和障碍具有很大的差异性。有的学生由于考试成绩不好，心理上表现得更为自卑、失落、脆弱，考虑更多的是对未来前途的担忧和对学习技能的强烈渴望。而初中起点的一部分学生，在心理上则更多表现在学习兴趣较低、自制力差、胆小、怯弱、狭隘、缺乏良好的行为习惯等。针对这些实际情况，下面简单的谈谈在班级工作中培养学生健康心理品质的体会：

注意创设"和谐、融洽"的班级人际关系环境

马克思和恩格斯曾经指出："人创造环境，同样环境也创造人。人的活动，无论是心理活动还是行为活动，都是由一定的环境条件所激发，其活动过程受环境条件所制约，而活动又反作用于环境，改造着环境条件。"教育专家也认为，环境对学生身心的发展影响较大，心理健康教育应该渗透在学校教育、家庭教育、社会实践及社区教育之中。对于学生来说，接触时间最多的应该是班集体。只要班级人际关系和谐、融洽，就易形成民主、积极的情感气氛，就有利于学生间、师生间的思想、情绪、情操等的相互感应，并有益于培养学生健康的心理素质。

为此，我们要着手抓如下两个方面：

（1）班主任与学生的关系。班主任是一个班集体的教育者、组织者和领导者，班主任必须关心和热爱学生。班主任关心和热爱学生，主要受其理想、信念、教育观点、职业道德和事业心支配，富于理性特征。而学生对教师是否尊敬和信赖往往是靠学生的主观判断和情绪体验来决定的，有很大的片面性和不稳定性。这样，师生之间就要多接触。作为班主任要经常深入班级，多找学生谈心，了解和熟悉每一个学生，体察学生的心理动态，真正为他们解决实际困难。

（2）同学之间的关系。同学关系主要指同学之间心理上的关系。在交往过程中，心理距离近的同学，心情舒畅，无所不谈。如果一个同学与班内多数同学有矛盾，那么他的心情不可能愉快，整天都会处于抑郁、孤独和忧伤之中。同学之间的这种关系是如何形成的呢？原因是多方面的，最主要的是缺乏心理的沟通，是非标准不一，难以形成心灵上的默契。对此，就要常常教育学生要倾注对同学全心的爱，对待同学要有一颗宽容之心，当别人不小心妨碍自己时，

要学会原谅别人，不必斤斤计较，锱铢必较。其次，要看到差距，知道别人的成绩是努力的结果，不是信手拈来的，明白自己以后该怎么努力。

实践的活动中去体验各种情感

心理学研究指出，情感是良好思想品德形成的心理条件，强化情感的体验是发展人的思想品德的心理基础。正如列宁所指出的那样，"没有人的热情就从来没有、也不可能有人对真理的追求。"一个人如果麻木不仁，对生活冷漠无情，就不可能是非分明，不可能有良好行为。没有高尚的情感的支持，人就不会产生自觉、坚定的行为，从这个意义讲，情感体验始终是学生形成良好品德行为的内驱力。因此，在学生良好行为习惯的培养中，教师就要十分注意让学生在实践的活动中去体验各种情感，从而养成他们良好的行为习惯。

正确对待学生的情感障碍

学生书信往来，学生写月记等各种形式，培养学生从不同的心理角度去寻找"打开心灵锁"的钥匙。作为班主任，我们要采用了三种方法来了解并疏导学生：

（1）观察法。在自然状态下，有目的、有计划地对学生进行考察，即通过"听其言、观其行"来掌握学生的情况。例如：有的学生由于某种疾病上课精力不足，作为班主任应该观察到，及时地给予关心、体贴，并组织班集体帮助他，鼓励他多参加文体活动，注意锻炼身体。从而增强学生的意志力。作为班主任，只要勤于观察、善于观察，就能及时给学生进行疏导。

（2）谈话法。通过亲自与学生交谈，获得学生信息，可以深入地了解学生的思想和个性，跟学生的谈话方式有多种，根据需要可找学生个别谈心，也可找班干或小组漫谈，还可对全班进行专题谈话。无论哪一种形式，都要做好充分的准备，注意谈话的态度，还要照顾学生的年龄特点和个性特征。

（3）上好班会。实践证明，针对班集体中近期出现的一些现象，利用班会课来医"心"、育"心"的效果非常显著。在上课时，教师首先要做到目标明确，围绕培养学生健康的心理素质和发展健全人格的总目标，确立了一系列的子目标，如：协助学生正确认识自我；发展良好的人际关系和社会适应能力；培养乐观进取的人生态度；培养学生主动学习的态度，养成良好的学习习惯，促进创造性地解决问题的能力和学业的提高。

其次做到内容具体，有针对性，围绕学生的心理过程和个性心理设计一系列的课题，例如：怎样提高自己的交往能力、如何正确地面对父母的责备等等。

再次，要注意方法的灵活性、多样性、适应性、有效性，我常常根据学生的实际和教育内容的需要恰当的运用讨论法、认知法、表演和角色扮演法以及行为训练法。让学生在班集体中轻松、愉快、自由的气氛中学习，正确地认识自我，调整自己的心态，提高抗挫折的能力和社会适应能力。

进一步优化心理疏导

所谓心理疏导，是指有计划地协助学生发展健全的个性，防止产生偏异心理的一种教育过程。心理疏导的目标是指导学生形成一种积极的心理状态，使其健康发展，"心理咨询""热线电话"等都是心理疏导的方法，但教师往往处于"被动状态"。如何变"被动"为"主动"呢？

（1）要学会倾听。一项调查展示，中小学生在遇到困难和心理烦闷时先和父母讲的占30%，先和老师讲的仅占3.3%，和谁也不说的达到29.7%。是孩子们不愿意与老师或父母讲心里话吗？他们说："爱玩是我们的天性，每当我们打完球带着满心欢喜、满脸笑意走进教室时，老师总是说应该把所有的精力都放在学习上……"可见，能不能让孩子们说心里话关键在大人。现代教育中的德育功能是通过信息反馈实现的。心里话的倾诉是教育的重要链条，因而成为不可缺少的信息通道。教师要善于倾听学生的心声，并以此为突破口，有的放矢地进行教育。

（2）帮助学生找回自信。自信是一个人成功必备的素质，作为教师，我们有责任帮学生找回自信。让他们知道"尺有所短，寸有所长"的道理，相信"天生我才必有用"。我们要从学生身上发现闪光点，展示特长，因势利导，切忌讽刺、挖苦，把人看死。只要我们充分信任学生，关心学生，科学诱导，就一定能使学生充满自信。如，有一名男生，开学初上操、上课总迟到，好吃零食，上课爱说话，在宿舍里不注重个人卫生等等。可以说大错不犯，但是小错不断。无论是班里同学还是任课教师，一提他的名字，都苦笑。可渐渐地教师发现，他并不是没有优点。学校军乐队的训练他很少缺过，今年运动会和体育节的很多项目他也积极参加。针对他的这些闪光点，教师多次做他的思想工作，不断的给他鼓励、信心，并针对迟到现象和他达成"君子协定"，在课上经常给他延伸暗示，提醒他认真听课。在提问他时也尽量挑选较容易的题目，以帮助他建立自信。现在，他的纪律观念加强了，很少出现迟到现象。在学习、思想上也不断进步，情感上变得健康、积极。

（3）从小事中培养意志力。不经风雨，难成大树，一个人若没有面对困难的勇气，如何去面对外面复杂、纷繁的世界？因此，教师平时要注重从小事中培养学生意志力。如平时教育学生做任何事都应有始有终。建立班级小组卫生督促检查制度。严格要求班级考勤量化的考核，并对一学期出满勤的学生给予表扬和物质奖励。

总之，培养学生健康的心理品质是班主任工作不可忽视的一个重要方面，它能使学生通过了解自我的动机，不断正确认识自我，增强自我调控、承受挫折、适应环境的能力，增强自尊心、自信心，形成健康的人格和良好的个性心理品质。

5. 生活老师对学生健康心理教育指导

有一个特殊的、新兴的教育工作者群体——生活老师们，她们辛勤地工作，以母亲般的细致、周到的关心和照顾，赢得了孩子们的尊敬和家长们的信任；她们正确认识和积极发挥城市全寄宿制学校宿舍的心理健康教育作用，遵循现代教育工作的客观规律，针对城市全寄宿制学校学生心理特点，配合班主任和任课教师对学生进行心理教育，使学校孩子们在阳光学校这所"美丽校园、学习乐园、文明家园、人才摇篮"愉快生活，勤奋学习，快乐成长。

（1）环境"育心"　　全寄宿制学校宿舍环境建设是学校精神文明建设的窗口，同时又是学校日常心理健康教育的载体。全寄宿制学校的孩子们每周有五天时间全寄宿在学校里，每天有一半的时间在宿舍里度过。根据这一特点，学校要重视宿舍文化心理环境建设，积极开展"宿舍文化"活动，培养孩子们的健康心理。

营造温暖的集体环境，高雅的宿舍文化，给人以奋进向上的力量。发挥环境"育心"的作用，创设"细雨润无声"的"育心"环境。为了让孩子们在温馨舒适的环境中甜美入睡，心情愉快地度过每一天，在宿舍里的墙壁上布置了各种图案，有激励上进、"心育"辅导的名言警句，有五彩缤纷的花草组成的心型家园联系栏，有挂在绿树丛中的评比表，有滑稽可笑的"动物之家"，有孩子们自己的绘画、小手工作品，有温馨可爱的师生生活照……让每一堵墙壁成为"不说话的心理辅导老师"。

开展丰富的宿舍活动，学校要坚持不懈地开展丰富多彩的宿舍活动。在宿舍里，生活老师们寓心理健康教育于活动之中，学生能在讲故事、讲笑话、做游戏……等愉悦舒心的活动中获得心理践行和发展。在这些活动中，增多了师生交往的机会，协作的机会。学生与教师之间、学生与学生之间，平等、信任、同情、有责任感等社会性情操内容得到极大扩充。集体活动与学生个人感情相结合，对发展学生的自主心理、进取心理、相容心理、克服和矫治固执心理、孤独心理、封闭心理大有裨益。通过各种途径和方式营造一种良好的心理健康教育氛围，让宿舍真正成为学生精神生活的乐园。

（2）以心"育心"　生活老师是宿舍管理、保育工作者。学校要对生活老师进行"爱心、细心、耐心"等职业素养培训、教育，使她们重视生活管理全过程的管理、指导。生活老师们不仅是孩子们生活上的教师，还是与学生心与心沟通的心理教育工作者。

没有真挚的师爱，就没有成功的心理教育。在宿舍里，孩子们渴望得到生活老师的关爱和呵护，因而老师要教育好学生，首先要为人师表，要给予学生发自内心的真挚的爱，才能使师生心理相容，从而获得教育的成功。城市寄宿制学校大多数孩子缺乏生活经验，生活自理能力差，需要生活老师周到细致的关心和照顾。在宿舍最显眼处，有的生活老师贴上几个大字"幼儿园是我家，老师像妈妈"。有的贴上"阳光是我家，我们都爱她"等标语，时刻提醒自己，要像母亲爱护孩子一样爱护自己的学生，用温暖的爱，塑造学生的心灵，让他们在阳光大家庭里健康快乐地成长。

在平时的工作中，老师们要努力地和谐相处，互相学习对方的管理经验和长处。如果哪位老师有事忙不过来，马上有人主动帮忙，让班上的工作能顺利进行。工作中，她们有童心母爱，做到"幼吾幼以及人之幼"，成为学生最知心的朋友。不论孩子智商的高低，不论孩子家庭条件的优劣，不论孩子是安静听话还是调皮，她们倾心关爱着每一个孩子：每天，她们以微笑的目光送孩子们进课堂；就餐时，微笑地注视着孩子们吃饱，吃好；就寝时，微笑着让孩子们甜甜入梦乡；天气变化时，她们会微笑着到教室给忘记穿衣服的孩子送衣服；有孩子生病了，她们会把孩子送去医院，微笑着叮嘱孩子们吃药……在单调的生活管理事务中，她们用心诠释着"爱"。她们快乐地工作着，她们以自己的快乐感染着学生，她们以自己言传身教影响学生，使老师成为学生倾心模仿的对象，使老师的"感召作用"在学生中得到充分的发挥。她们用自己的努力工作和爱心，去赢得孩子们的尊重和家长们的信任，培养孩子们的健康心理。

（3）互相配合　生活老师每天与孩子们接触，生活在其中，是宿舍里孩子们主要的精神关怀者，相对于其他教师来说，她们能够较容易地掌握孩子们的心理变化。

她们不但教育孩子们明白"真善美"，养成优良的生活习惯和独立的生存意识，而且及时观察孩子们的心理状况，与班主任配合进行心理健康教育。

与孩子们打交道，她们最主要是"勤"，对学生在生活、做人、交友等细微问题上，"勤观察、勤鼓励、勤开导、勤教育"。为了做好孩子们的心理健康教育工作，她们每天都与班主任联系，及时互相交流孩子们的情况；为了更好地与家长沟通，她们抄下每位学生家长的联系电话，万一出现问题，能在第一时间与家长联系；周末在接待家长时耐心听取家长意见，认真回答家长提问，主动向家长了解孩子在家的情况，同时向家长汇报学生在校表现，与家长交流教育方法，得到家长的配合与理解，建立了和谐亲密的家校关系。

例如，发现学生与同学、家长、任课老师等人有误会，发生了赌气等不良心理问题时，通过一边与学生谈心，及时解决孩子的心理问题，主动协调好关系，一边及时与班主任老师和家长密切联系，把孩子的心理变化告诉班主任和家长，共同商讨配合对学生进行心理健康教育的最佳方式。通过"宿舍、班级、家庭"互相配合，增强健康心理教育效果。

6. 寄宿学生心理适应能力培养指导

这些寄宿学生在心理上鲜明地体现出思家念亲、寂寞孤独、大吵大闹、不善交流、打架斗殴甚或逃离校园等一系列的心理和行为问题。因为学生心理产生不稳定的现象，流失率一度居高不下。

此外，由于外出打工人员的增多，部分留守儿童也加入寄宿行列，寄宿制学校的规模进一步扩大。小学寄宿制学校的增加，寄宿人数的增多表明：学校在"校"的概念中，增加了"家"的概念。如何把学校建设成为学生"温馨的生活之家"，我们探索了三条行之有效的解决方法。

（1）从问题出发解决问题。"问题即课题，课题解决问题"，学生心理适应能力千差万别，从什么地方着手？

首先摸清学生的心理适应能力现状。可以运用观察法和问卷调查法等方法，设计《农村寄宿制小学学生心理适应能力问卷调查表》对学生进行调研，对学生的心理状态、行为方式进行全面的调查，掌握大量的一手资料。

其次通过对不良心理、行为典型对象的跟踪观察、分析，初步找到了寄宿制小学生在日常学习、生活中的主要不良适应心理及行为表现，得出学生心理适应能力方面存在的主要问题：

①情绪情感类问题。主要表现为焦虑、烦恼、易怒、恐惧、孤独等。

②意志类问题。主要表现为遇挫气馁、缺少毅力、轻信暗示、过分依赖、倔强固执等。

③个性类问题。主要表现为自卑、嫉妒、多疑、任性、冲动等。

④性心理类问题。主要表现为性恐惧、早恋、性冲动等。

（2）建立教师专业成长平台。只有教师掌握了心理适应能力培养方法，才能广泛的、科学的、有效的对学生施加心理影响。

（3）构建心理适应能力培养的方法体系。学生的心理问题要最终获得解决，必须全方位地构建方法体系，通过施加教育影响来调适、解决心理问题。

①亲情弥补法。由于远离亲人，寄宿学生内心孤独，对亲情有一种本能的强烈的渴望。父母不能给予孩子的爱，我们教职工可以送达呀！我们提倡辅导老师用热情和敬业来弥补学生的亲情损失的教育主张。

教职工以"爱岗敬业，爱生如子"作为职业追求，从内心深处关爱每一位孩子，想孩子之所想，急孩子之所急，及时为他们排忧解难；要不断完善各项制度，给孩子们营造一张爱的大"网"，充当孩子的保护神。

如建立晚间查铺制度、吃饭登记制度、衣服编号制度、体检制度、伤病学生特殊护理制度、消毒制度、持证出门制度等，对孩子的学习、生活、身体等方面的情况实施全程、全面监管，不是亲人，胜过亲人。热心的服务，细致的制度，学校有家的温馨，营造了浓浓的亲情氛围，填补了孩子的亲情损失，满足了孩子的心理需求。

②条件吸引法。爱玩、自由、生长是孩子的天性，寄宿制学校

只有添置了足够的游乐、学习设施，才能适应孩子的天性，满足孩子们的心理需求。

③活动调节法。融教育和怡心于一体，每月坚持一次外出教育活动，把学生放回大自然、放回社会，在更广阔的天地里调适心理，接受磨砺和教育。构建远足、登山、乡村摘桔、野炊、打雪仗等体验类活动；打扫街道、慰问老人、社区服务、种菜养猪等服务类活动；扫墓宣誓、观看电影、与贫困学校手拉手、军营探秘、参观工厂等教育类活动；绿色旅游、公园游玩、夜游街道、集体购物、参与游戏、捉鱼捉蟹等怡情类活动；滚铁环比赛、骑术训练、球类比赛、棋类活动、玩水上行走球、攀爬空气垫城堡、校园体育节、体操比赛、校园吉尼斯等健体类活动；风筝节、科技节、艺术节、口才展示节等创新类活动；课外阅读、智趣活动、兴趣小组训练等求知类活动。

④团体辅导法。针对寄宿学生情绪易波动、意志较薄弱的问题，采用团体辅导和评比的方式开展正面教育，以鼓励学生自强意志、自我调控，适应寄宿生活。如开展的控制零食、不乱扔垃圾、默守秩序、不随意奔跑、向灾区捐款等教育活动，对于规范学生行为，缓解心理矛盾起到了积极的作用。

⑤补救矫治法。对个别行为不良，心理不健康的学生，采用个别谈话、定期谈心、学友帮助等方式进行积极的心理干预，促其提高认知水平，调控心理活动，提升心理素质。

⑥心理咨询辅导法。学校建立班级心理咨询制度，开设心理咨询室，将大量的心理问题化解在萌芽状态。

⑦自我教育法。实施自我教育，关键在于引导学生正确认识自己，形成动机严格要求自己，自我监控调节自己，进行价值判断评价自己。通过重新认识自己，明确新的要求，走上健康的自我教育

的道路。我们要让学生明确知晓在学习、生活等方面的要求，熟知新的生活环境，进行自我激励和自我调控，达到了安心学习的目的。

⑧学科渗透法。学科教学能丰富知识，增长技能，启迪智慧。知识传授、能力培养、思维方式、价值观的形成都与心理健康教育有着非常密切的联系，互为依托，互相渗透，相辅相成。各科教师利用学科教学的机会，渗透了心理健康教育，提升了应激水平。

7. 学生心理健康素质的培养指导

在全面实施素质教育的今天，面向全体学生，培养学生健全的人格，使学生形成积极向上、乐观合群，有顽强意志和抗挫能力的心理素质，显得尤为重要和迫切。究竟应如何培养学生健康的心理素质呢？下面从四个方面谈谈：

（1）营造和谐的教育氛围能不能使每个学生的人格得到健康的发展，关键在于能不能给他们创设一个充满关心、平等自主、尊重个性的教育环境，营造一种和谐的教育氛围。

有这样一篇日记："今天上体育课的时候，突然我的鼻子流血了，我心里真高兴。你知道我为什么高兴吗？因为我平时看到别人鼻子流血后，老师会赶快跑过去，用手绢给他擦血，用凉水给他擦额头，我心里羡慕极了。今天，我的鼻子终于流血了，我能不高兴吗？体育老师急忙走过来，一边照顾我，一边笑着说：'今天吃什么好东西了？'我听了这句话，心里美滋滋的，什么都忘了。"这是一个各方面都很普通的学生写的，他普通得如同沙滩上一粒沙，海里的一滴水，很难引起别人的注意，也许正是因为他的这种普通，才使他觉得老师的关爱对他来说是那么遥远。

然而，他对爱的企盼却从没有停止过，以至于希望自己鼻子流血来引起老师的关爱。身为人师看到这样的日记，我觉得我们对学生的爱太吝啬了，我们在关心学生学习的同时，更要关心学生的心理需要。要平等的关爱每个学生，让他们感受到阳光般的温暖。

美国作家艾默森说："自信是成功的第一秘诀。"要学生建立自信心，成功的体验是不可缺少的条件。要孩子获得成功，要有科学的评价标准，不是"前几名"、"三好生"才叫成功，只要学生在努力，有进步，就是学生的成功，就应该让学生获得成功的体验，这种体验是孩子的需要，它包含了一种自信，证明"我能行"。现在的学校教育还不能完全科学的评价孩子，作为教师的我们抓住孩子的点滴成功，由衷的赞赏孩子，让孩子充分体验成功更加重要。

有报刊曾刊载过一个孩子：家庭破裂，又被学校开除，最后因抢劫杀人进了监狱。他在狱中给他的美术老师写了一封信，感谢他给了他一生中得到的唯一一次表扬：在全班表扬他画了一幅好画，让他自豪过，为自己自豪过一次。为人师为人母我尤为这样的罪犯心痛，我相信好多孩子最终以监狱来体现人生的失败，原因之一在于他们从来没有或很少体验过成功的喜悦和欢乐，也就难以走上成功的人生道路。

（2）培养良好的合作和交往意识。1996 年出版的哈佛大学教授豪尔·加德纳的《MI—开启多元智能新世纪》就提出人的智力可以分为 8 种。其中之一就是"人际智力"，所谓人际智力就是了解他人与别人相处的能力。而戴勒斯·李奇提出的大能力的第八条"团队合作"也是人际智力的体现，人的这一项智能在现代社会越来越受到重视，培养学生的这种能力势在必行。具体可以从几个方面入手：

①克服专横、霸道的习气。现在的学生在一定程度上形成了唯我独尊、以我为中心的习气，这与"团队合作"精神格格不入，要

努力帮助学生克服这些毛病。要教育他们只有合作才能做好事情。懂得做事、说话，少考虑自己，多考虑别人，才会被别人接纳。

②多做集体游戏。集体活动、集体游戏是培养"团队合作"的有效方法，如篮球、排球、足球等球类活动，都不是靠一个人的力量就能取胜的，需要巧妙的传接、精心的合作。

（3）培养良好的意志心理和品德心理

①加强意志品德的教育。古之成大事者，不惟有超世之才，亦有坚忍不拔之志。学校在培养学生良好意志品质方面具有义不容辞的责任。

首先，教师要经过课堂教学和课外活动，在克服意志薄弱方面加强针对性地训练指导，养成学生的持久性、坚韧性，做任何事情的恒心和勇气。

其次，多为学生创造一些磨练意志品质的情景和机会，如军训、社会实践、劳动锻炼等，将意志磨练渗透到学生们的日常生活和学习中。

②学会尊重。对别人的尊重是良好的人际关系的重要前提。社会交往中人人都是平等的，从教师的角度讲，教师要善于利用一切时机与学生进行心理交流。一句口头表扬，一个热情鼓励的目光，一次表现机会的给予，对每个学生来说，都是激励人心的。从学生的角度来讲，良好的自尊心的树立需要同学们的接纳和老师的肯定和鼓励。此外，让学生学会尊重别人，还包括尊重他人的休息，尊重他人的劳动，尊重他人的人格，尊重他人的隐私等。

③学会关怀。美国著名心理学家戴勒斯·李奇，提出十一种大能力的第七条就是关怀。关怀就是对别人有爱心。要学生学会关怀，首先要学会关爱家人，如帮家人做家务、父母病了帮忙拿药或做饭等，只有孩子学会了爱父母、爱家人，将来才可能爱他人、爱集体、

爱祖国。

其次培养学生心中有他人，想着为同学过个快乐的生日，小伙伴生病了，知道去探望等。再次让学生广泛的参加一些社会公益活动也是培养学生学会关怀的非常有效的途径。

（4）学校家庭共同呵护孩子的心灵。目前，对学生的心理健康教育在家庭教育中未引起足够的重视，特别是家长过分重视学生的课程学习、兴趣特长的培养，忽视学生的心理健康教育。

因此，一方面学校要把学生心理健康教育的目标、任务及时地与家长沟通。另一方面，要引导、指导学生家长学会从心里发展的角度来分析学生成长中出现的问题和困难。此外，学校还应通过讲座、发放有关学习资料等形式，使家长掌握心理发展及教育的知识，增强家庭教育和心理指导的科学性和有效性。

8. 不良心态学生健康心理教育指导

现阶段中小学生心理健康状况随着当代社会的飞速发展，学生们赖以生存的社会、学校、家庭的客观环境正在发生着深刻的变化。市场经济大潮的冲击，人们生活方式和价值观念的变化，升学的压力，离异家庭的增多，独生子女、单亲家庭子女的教育问题等，使当代中学生心理问题比以往更为突出。诸如厌学、心理脆弱、性格不合群、独立能力差、亲子冲突呈增加趋势等。这些问题如得不到及时解决，将会严重影响青少年学生的健康成长。中小学生的心理健康状况令人担忧。

中小学生的心理状况

（1）学习类问题。学习是学生的主要任务，围绕着学习产生的问题占中学生心理问题的主要部分，有两种现象：

①恐惧。目前，虽然都在谈"减负"，但学校课业任务仍旧繁重，竞争依然激烈，父母的期望值始终过高，使得学生精神压力越来越大。

②厌学。厌学是目前中学生学习活动中比较突出的问题，尤其是学习差的同学。

（2）人际关系问题

①与教师的关系问题。主要集中在由于教师对学生的不理解。过多干涉学生的业余生活和正常交往而引起的困扰和烦恼。严重地刺伤了他的自尊心，导致他对教师的反感、对立，老师指东他偏向西，而内心又十分矛盾，甚至影响了对学业的兴趣。此外，还有一些其他想法，诸如：认为老师"只喜欢成绩好的同学"的，认为老师"处事不公正"的，认为老师"轻视自己"的……等等。都反映出学校中师生关系的问题。

②与同学的关系问题。主要集中在交友方面，因处理不好朋友之间的关系而苦恼。有位学生他的一位好朋友总是对他不信任，怀疑他对朋友的友谊，认为他为朋友的付出不够多，使他十分苦恼，不知怎样做才能消除朋友的怀疑。

③与父母关系的问题。主要是因父母与子女之间缺乏相互理解和沟通，或家庭关系不和谐，使学生造成的心灵伤害。

（3）情感类问题。中小学生时期是花的季节，在这一阶段人的第二性征渐渐发育，性意识也慢慢成熟。此时，情绪较为敏感，易冲动，对异性充满了好奇与向往，当然也会伴随着出现许多情感的困惑。

引发小学生心理健康问题的成因

（1）社会原因。主要是社会理想与信念的紊乱，小学生缺少理解能力和判断能力；其次是错误的传媒导向，使小学生难以形成真正的自我；再次是商品经济社会中出现的种种怪异的社会价值观，使小学生一时难以选择。

（2）个体原因。小学生的年龄一般在 7—13 岁，大多数属于"青春前期"阶段，在生理和心理上急剧变化，内心充满了矛盾与冲突，久而久之，就会出现心理异常疾病，独生子女的心理承受能力偏低也会产生异常或病态的行为。

（3）家庭原因。当代家长对子女的期望值过高，加上错误的家教策略，由于"代沟"的存在，缺少沟通与理解，孩子的心理矛盾不能及时排除，使孩子的心理朝畸形发展。另外，单亲家庭也会造成中学生在心理发育上显得不够健全、和谐。

（4）学校原因。由于课业负担很重，考试频繁，加上教师教育方法失当，又缺乏心理健康指导使学生处于恐怖和焦虑当中。

如何应对小学生心理健康问题呢

（1）紧抓课堂机遇，培养健康心理。课堂是教育教学的主阵地，而教育就应该包括对如何求知的教育和如何做人的教育。陶行知先生也这样来评价师生的教学活动："千教万教，教人求真；千学万学，学做真人。"可见如何教人做人应是教学中的一个重要环节。抓住课堂契机，来培养学生的健康心理，应是心理健康教育的基本出发点。

（2）利用主题班会，培养健康心理。对于班主任来说，学生心理的健康与否，直接影响着班级工作开展的难易程度，因此，利用主题班会对学生进行心理健康教育就显得尤为重要。现在的小学生大多数是独生子女，从小形成了一定的"自我意识"，但高年级学生碍于面子，怕人说"出风头"而又羞于表现自己。利用班会时间开展主题活动使学生明白：为他人、为民族、为国家而奋斗、表现，并非"个人主义"，相反应该大力提倡。

（3）开设心理健康教育课程。根据学校的实际情况充分利用晨会课，健康教育课，给学生进行心理健康教育。

（4）心理健康咨询，建立学生档案。对各班心理不健康的学生做到心里有数，并进行针对性的教育、引导，纠正那种心理不健康的现象，培养学生进行心理健康教育。

（5）特别的关爱，培养健康心理。对学习差，有自卑心理的学生，应给予特别的关爱，帮助他们学习，帮助其树立自信心，以减少由于学习差而出现的种种不健康心理。

（6）开设交流信箱，培养健康心理。高年级学生所处的发育阶段，决定了他们生理和心理的矛盾性与冲突性。这种矛盾与冲突若长期得不到解决或发泄，就会导致心理疾病，为此，我还面向全体学生开设了"心理问题咨询信箱"，鼓励学生把心头的困惑说出来，向老师咨询，以寻求解答。

（7）转变家教观念，培养健康心理。"父母是孩子的第一任老师"，这句话充分体现了家教对孩子的影响。家长对孩子的教育观念如何，直接影响着孩子的心理发展。许多家长对孩子的教育走向了两个极端：要么对孩子要求过高，动辄打骂；要么对孩子放任自流，任其发展。这就导致学生心理也走向两个极端：对家长要求过高的学生，学生心理常处于紧张状态，性格内向的甚至为避免打骂，有的还学会了撒谎，报喜不报忧；而对放任自流的家长，学生心理则过于散漫，多次教育都难显成效。

为此，用家长会和家长学校的形式加强同家长的沟通，分析利弊，转变家教观念，实现家校联合，家社联合，家校社联合，培养学生健康心理，让学生心理的荒漠变绿洲。

9. 小学生的阳光心理教育指导

近十多年来，我国经济飞速发展，人们的思想观念不断更新，社会环境也日趋复杂。这一切给人们的心灵带来极大的冲击，也波及到了校园，波及到了学生。加之独生子女越来越多，受家庭的宠爱、社会的宠爱等种种原因，造成学生心理问题日渐增多，其中存在心理异常甚至心理疾病的学生已占了不小比例。对学生进行心理健康教育，使他们拥有健康的心理，是全社会的共同责任。而学校教育与家庭教育则起主导作用，也是对学生进行心理健康教育的主要方面，尤其是小学阶段的学生，学校教育更加突出重要。

小学生心理健康教育途径

（1）开设心理健康教育课。小学生健康心理辅导课多以班级为单位，面向全体小学生授课。教学辅导的主要目的不在于学科知识的系统讲授，而在于预防心理疾病，促进小学生健康心理的形成和发展，全面提高心理素质。小学生心理健康教育课应特别重视小学生的参与性和活动性，将教师的主导作用和小学生的主体意识体现于参与和活动之中。

（2）与学科教育相结合。小学生健康心理的结构是多元的，是由认知因素、情感因素、意志因素和人格因素构成的多系统、多侧面、多层次和多级水平的开放性的结构系统，因而小学生健康心理的辅导不仅是健康心理辅导课的任务，同时也是所有学科教学的共同任务。每一学科都要根据本学科的知识结构和教学特点，有目的、有意识地充分发挥健康心理的辅导作用，即预防心理疾病，维护心理健康，促进健康心理各要素全面和谐地发展。

（3）与班队会和课外活动相结合。教师在班级管理的过程中，充分地接触小学生，通过谈心、交流，深入小学生丰富多彩的内心世界，了解其内心体验和烦恼；把握小学生在不同情境中可能出现的心理问题和行为倾向，有针对性地开展主题班队会。同时开展丰富多彩、生动有趣的课外活动，如主题班会、讲演会、故事会、诗歌朗诵会、学科兴趣小组活动、少先队活动及各种形式的文娱体育活动，对学生的心理健康及时调整与辅导，养成良好心理品质和行为习惯。

（4）建立心理辅导室进行个案教育。心理辅导室由专职教师负责，持证上岗。心理辅导室的环境布置要符合心理辅导的要求和适合儿童的特点。对辅导的对象要做较长期的跟踪研究，做好记录，尽量让所取得的资料详实。同时应向学生传授一些简单的自我心理健康教育的方法。

如：学会放松，让小学生知道紧张是正常的心理反应，可以通过想象、转移注意力、调整呼吸、听音乐、体育锻炼等方法调节；学会倾诉，让小学生知道有问题要学会求助，找老师、长辈、亲友谈心，找人倾诉，或者通过写日记的形式，把心灵的轨迹用文字描绘下来；学会行为改变，引导小学生在认识上分清良好行为和不良行为，有目的、有计划地对不良行为进行训练、塑造达到良好行为养成和强化之目的。

小学生心理健康教育既是素质教育的重要组成部分，也是素质教育的重要途径，是素质教育总体结构中的奠基性工程。可以说，没有健康的心理，一切形式的素质教育都是无从谈起的。

抓住主线构建心理健康教育氛围

所谓"两条主线"，一条是指面向全体学生开展发展性、预防性的心理辅导，一条是指面向少数学生开展补救性的个别辅导。所谓一个"氛围"，使指努力营造有利于学生心理健康发展的教育氛围。

通过两个途径，面向全体学生开展发展性、预防性的心理辅导。

（1）引导教师在教学过程中渗透心理健康教育能不能使每个学生的心理都得到健康发展，关键在于能不能给他们创设一个充满关爱、平等自主、尊重个性的教育环境，营造一种和谐的教育氛围，而能不能使每一位教师都自觉地在工作中关注学生的心理健康，关键则在于能不能有效地转变教师的教育思想，使教师树立起"以人为本"的现代教育观念。

在学校教育中，课堂教学是主渠道，学校心理咨询不能离开课堂教学孤立存在。因此，我们要一手抓心理咨询，一手抓学科渗透，使心理健康教育真正全方位展开。为提高学生的心理素质，我们要利用课堂教学主阵地和各学科之间相互配合、相互渗透。

①优化课堂结构如果对学生进行训练的主要渠道——课堂教学还是以传统的说教式的面目出现，就难以与学生沟通，势必影响实验效果。

我们要把活动渗透到语文、数学、品德、音乐、美术、自然等学科中。让学生畅所欲言，从而达到消除学生不敢发言，不会表达，在公众面前胆怯的心理障碍。训练了学生的自学能力及表达、思维、操作等能力。

②寻找训练心理对应点现行的各种教材中有许多心理训练对应点，我们的教师在教学时，及时挖掘、及时渗透，使训练健康教育在各学科中得到落实。

在各学科教学中，教师要根据学科特点，教学内容，设计德育教育的教学环节，采用启发式、讨论式、研究性学习等生动活泼的方式，适时对学生渗透思想教育，培养学生的创新意识，"彩小"意识。例如：一年级《想飞的乌龟》一节课，教师设计了这样的教学环节，教师谈话：同学们，我们每个人在实现梦想的过程中都会遇到这样那样的困难，有时也许会失败，如果你遇到了这样问题你会怎么做？同学们发表自己的看法。在谈话中引导学生正确对待挫折，培养良好的心理品质。

③创设民主、和谐的课堂氛围民主、和谐的课堂气氛有利于学生健康心理的发展。我们的教师要本着鼓励、赞扬的原则，把对学生的心理训练渗透到课堂的每一环节。如：给胆怯的学生一个鼓励的目光；一个会心的微笑；一个"你能行"的暗示，让他们战胜自卑的心理，和同学们平等相处，以竞争、乐观的精神面貌参与学习。

（2）通过心理课程促进学生健康成长为学生设置每周一节心理导向课，每位老师都要与一名学生建立"心理咨询谈话卡"，开设心理咨询室，以此促进学生健康成长。我们使用的教材很好，不但内容具体，可操作性也很强，但是我们认为，还是应该根据学校、班级的实际情况，有我们自己的特色更好。根据在咨询中发现的共性问题，增设新的心理内容。如："如何克服独生子女的孤独感"、"怎样与别人友好的相处"、"经常与父母发生矛盾怎么办"等。使学生受到更全面的训练。在心里导向课上力求打破常规授课的模式，力求解决学生生活中遇到的问题，帮助学生解决实际困难。

通过两种途径面向少数学生开展补救性的个别辅导

（1）依靠专业力量进行个别咨询主要是由心理系教授亲自做辅导，对一些心理障碍较严重的孩子，需借助专业心理老师的帮助。

（2）开设心理辅导室我们持一种较为谨慎的态度，选取学习过有关心理咨询知识的老师进行心理咨询，同时每位教师，也都较固定地跟踪一位学生，记录在"个案追踪"之中，及时了解或排解学生可能会出现的一些心理危机。

（3）建立咨询档案每位老师都要与一名同学建立咨询关系，定期对学生进行调查、交流了解学生的家庭背景、行为习惯、性格特点，针对学生主要问题定期与学生进行交谈，并记录谈话内容，以便长期跟踪调查。我们要将老师的跟踪记录，装订成册，建立咨询档案，目的是为了老师长期跟踪调查时，更方便、更加有效地做好咨询工作。

创设一种有利于学生健康发展的教育氛围

（1）加强师德教育。组织教师认真学习江泽民同志的《关于教育问题的谈话》以及《教师法》和《中小学教师职业道德规范》的有关规定，引导教师关心爱护全体学生，尊重学生的人格，平等公平的对待学生，不讽刺、不挖苦、不歧视学生，不体罚和变相体罚学生，保护学生的合法权益。师德建设要常抓不懈，只有当这样一种职业道德规范成为广大教师深刻的教育理念和自觉的教育行为时，才能真正形成有利于学生心理健康发展的和谐氛围。

（2）关注教师自身健康。学生心理问题的产生，许多源于教师的教育方法不当。而教师的教育方法之所以不当，除了教育思想方面的原因之外，往往还有教师自身心理的问题。因此我们也很重视教师自身的心理健康问题。

（3）做好家教工作

①尊重每一位家长，做好家教工作，个案学生经常与家长联系。辅导老师定期做谈话工作，并多次与家长交流，获得家长的支持。

②举办家教讲座，请心理系教授给学生家长上课，提高家长素质，帮助家长学会与孩子沟通。

（4）形成心理健康氛围。经过新闻媒体的宣传，对于社会和广大家长来说"心理健康教育"和"学校心理辅导"已不是陌生的名词。学校要开办"家长学校"，及时与家长取得联系，得到他们的支持。加强学生思想品德评价及家庭行为评价，充分利用《小学生质量评价手册》以及学校自己制定的《学生家庭行为评价》对学生的品德、行为进行形成性评价，这种评价来自于方方面面，有来自于老师的、家长的、同学的和自身的，对每个学生的评价就比较全面，较好的避免了主观、片面的评价，很好地保护了学生的自尊心和进取心。

抓住各种社会实践活动，开展心理品质训练活动

（1）自主规范的养成教育。素质教育在于养成习惯，一旦习惯养成就自然内化为素质。开展"磨练意志"训练，当今独生子女还有一个明显的弱点就是娇气，不能吃苦，针对这一情况，要从小事、从身边事做起，训练学生的毅力和吃苦精神，倡导学生自己制定班规，确定自己在学校以及家中的劳动岗位。促进学生良好习惯的养成。

（2）倡导学生走出课堂，关注社会。通过科技展板、橱窗、队角、广播、闭路电视普及科技教育，通过科技活动、环保教育培养学生创新精神和动手实践能力。让学生关注社会活动，融入社会，培养学生社会适应力。

①开展回收废旧电池、废旧报纸活动。开展回收废旧电池、废旧报纸的活动培养了学生的责任感，让学生认识到"保护环境，从我做起。"的含义。同学们路上捡到的、家中用剩的电池、报纸都拿到学校，由学校统一回收处理，换来再生纸、作业本给同学们使用，同学们在回收工作中积极主动，有的班级还专门开了有关"节约能源"的主体中队会；有的班级在板报中专门介绍了有关的知识。

②设立广播站培养主人翁意识。设立广播站培养主人翁意识，让学生感受到我是学校中一员，我要为学校做出自己的贡献，使学生体会"我是学校的小主人"的主人翁意识。各班推荐了好的广播员到学校，组织了校红领巾广播站。报道学校、班级发现的好人好

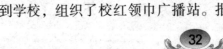

事，给大家讲故事，组织广大同学投稿，同学们在广播中听到了发生在自己周围的事情，感到亲切自然。

10. 中学生的阳光心理教育指导

　　中学生是跨世纪的一代，面对激烈的竞争，不仅要求他们具有较高的驾驭科学文化知识的能力，而且应具备良好的心理素质，适应瞬息万变的形势和环境。中学生处于青春发育期，是人生的第二次成长高峰。其生理、认知、情感、意志、自我意识在迅速发展，是人一生中发展最迅速、最旺盛、最关键的时期。但这一阶段也是学生最容易出问题的阶段。作为老师不仅应该充当好管理者的角色，还应了解学生心理生理发展的特点，帮助学生形成优良的品质和健全的人格。

　　有些学生由于自身的不成熟，以及来自家庭社会种种不良因素的影响，心理上形成了不健康的因素。这些不健康的因素，影响了他们的生活和学习。如果家庭、学校、社会不加以正确的引导，很容易使其心理不平衡、性格偏异，产生不良的结果。

　　那么，是什么原因使学生在心理上产生不健康的因素呢？主要有以下几个方面的原因：

　　（1）固有的逆反心理。在青少年成长过程中，自尊心、成人感日渐增加，有强烈的自我意识，服从长辈的意识淡薄，喜欢独立思考，不愿别人把他们的意志强加在自己身上，有些青少年过分强调自我，唯我独尊，对于老师家长善意的批评、帮助不愿接受。有意反其道而行之，他们经常用反抗的行为来表达自己的能力和价值。这种心理如果加以引导，可以激发青少年求异的思维和创新的火花

33

并成为一种积极的因素。但是成长中的青少年如果不能正确把握，就会形成偏激固执的不良心态。

（2）脆弱、孤独的封闭心理。现在的孩子大都是独生子女，生活条件优越。而他们的父母因忙于事业，大多无暇顾及他们，有些孩子就会形成内向孤僻的性格，不愿与老师同学谈心里话，把自己的心理封闭起来。这些孩子在优越的环境中长大，从未吃过苦、受过挫折，在日常的学业或生活中如果碰到不顺心的事，心中的苦闷没办法得到排解，就会处于焦虑、抑郁状态。这种脆弱封闭的心理承受不了挫折，一旦遇事就会惊慌失措，甚至精神崩溃。

（3）繁忙学业、激烈竞争。是学生不健康心理形成的一个重要因素，激烈的升学竞争，家长们都望子成龙，这种迫切的愿望使学生心理负担日益加重。频繁的测验、考试使学生经常处于一种高度紧张的状态，超负荷的学习强度使学生精神紧张，心情压抑。当他们面对自己不满意的答卷时，总是抱怨自己，从而失去了对学习的信心。此外，父母的离异或亲人的死亡等都可能造成学生的不健康的心理。

这些不健康的心理，与素质教育下的育人要求是格格不入的。作为一名教育工作者，对学生进行心理健康教育，既是素质教育的有机组成部分，也是老师的一项艰巨的任务。要做好中学生心理健康教育工作应注意以下几点：

（1）要敏锐地观察学生的心理动态。观察应该在学生没有觉察的情况下，利用自己的眼睛、耳朵等感觉器官去感知学生的行为。在平常的教学过程、课外活动、学生的交往过程直至日常生活的所有方面，都注意观察学生的精神面貌、言谈举止、行为动作、兴趣爱好、待人接物的表现。为了更好地了解学生的心理，还应该让学生建立心灵对话本，让学生把自己内心的真实想法写到心灵对话本上，老师定期查看，以便了解学生的心理状况，然后采取适当的措施帮助学生调整好心理。

（2）要和学生交朋友，进行倾心谈话。有经验的老师，经常通过与学生的促膝谈心，在一定程度上了解学生的心理或思想问题。谈话可以最亲切、最直接地了解学生的心理状况，还可以察言观色、随机应变，获得或发现学生心理的一些重要信息。心理学研究表明，谈话过程实际上是交谈双方之间的一种交往与认识过程。谈话双方的心理特征、态度、期望、动机、知觉、情绪和行为等对谈话的效果有一定的影响。

（3）用理想作用增强学生抗挫折能力。中学生的心理挫折大部分来源于成绩的不理想和同学相处不好。老师要对学生的挫折心理给以正确的指导，才能形成良好的班风。初一入学时，很多学生一时不适应初中阶段的学习，有的甚至产生了厌学情绪，心理受到严重的挫折。针对这种情况，就要用远大的理想来激励学生。并要及时地告诫学生，有了远大的理想是好事，但理想和现实有很遥远的路途，需要付出艰苦的努力和汗水。经过恰当的教育和激励，学生的抗挫折能力增强了，克服了学习中的困难，学习积极性就会大大提高，成绩也将随之提高。

（4）用无限的爱心感化学生。促使学生心理健康发展，热爱学生是形成教育艺术的基础，"感人心者莫先乎情"，对爱抚情感的渴求是每一个青少年学生的心理需要。老师只有把爱的情感投射到学生的心田，师生间才能产生心心相印的体验，收到良好的教育效果。教育艺术之树只有植根在爱的土壤里，才能结出丰硕的果实。

11. 女中学生的阳光心理教育指导

学校应本着"全面发展，因性施教，优化个性"的教育理念为指导，确立培养具有"博学、博爱"精神，能够自尊、自信、自强、自律，适应二十一世纪发展需要的新女性的办学目标，构建现代女性修养类、人文基础类、科技探究类、艺术体育类等课程体系。

有特色的《女中学生心理辅导》课

我们知道，没有心理教育的教育是不完全的教育，没有心理健康的人格是不完整的人格。人是生物、心理、社会的统一体。人的发展可分为生理素质、心理素质、社会文化素质，而且低一级是高一级发展的基础。教育的基本功能是促进人的全面发展，即生理素质、心理素质、社会文化素质的全面发展。以往的教育把处于中间层的心理素质教育忽略掉，既不利于生理素质提高，又抑制了社会文化素质的发展。实质上，学生的发展不只是人生观、价值观、世界观的发展，还有学习技能、交往技能、情趣、意志力、性格、自我意识等人格的全面和谐发展。所以，教育包括思想政治教育、科学文化教育、心理教育、身体素质教育、审美教育，而且心理教育是各育的基础。

今天的女童、明天的母亲，母亲的素质决定一个民族的素质。开设女中学生心理辅导课，扶助学生健康发展，对女中学生人格全面和谐发展乃至今后生活、生命质量提高具有重要作用。所以，要通过《女中学生心理辅导》课程的教学对学生的心理发展实施干预。

《女中学生心理辅导》课目的

通过辅导，帮助学生认识自我，进而完善自我，发展自我，形成自信、独立、进取、坚毅、创造、责任感、乐观、真诚、合作、勤俭的人格特征，不断提高心理素质，最终实现人格和谐发展。这里，我提出现代人应具备的十种人格特征，辅导目的是实现人格和谐发展。

《女中学生心理辅导》内容

确定学生心理健康教育课程的内容，首先要明确依据什么原则选择辅导内容。确定辅导内容应依据的原则有：

（1）辩证唯物主义和历史唯物主义是选编辅导内容的指导思想；辅导内容应体现科学性、时代性、全面性；

（2）遵循办学理念设计辅导内容，突出女校特点。体现"博学、博爱"校训精神，培养具有"四自"精神的女性。要"立足于学生当前成长，着眼于学生终身发展"；

（3）以心理健康教育为主线，以青春期人生教育为重点，以学生人格和谐发展为目的；

（4）根据学生的年龄特征和知识水平，确定辅导内容的分量和难度。

具体内容：

认识自我篇：心理健康与我、我是谁、现代女性人格特征、人格完善处方；

女孩成长篇：青春期、青春期与男孩交往的方法、我是女生、女孩天生就爱美、慎重做出决定、女孩自我保护；

学习辅导篇：女孩男孩谁更聪明、习惯方法重于分数、记忆的窍门、脑力体操、分享学习、应考策略；

情绪辅导篇：情绪与女孩成长、驾驭情绪；

交往辅导篇：怎样让别人喜欢、真诚是金、交谈的艺术、女孩相处的方法、理解你的人是我、网络、网友、我的老爸老妈；

人生设计篇：人生价值、女性优势与成功、自信是成功的秘诀、信念是成功的关键、习惯成就人生、性格决定命运、生涯设计。

《女中学生心理辅导》辅导方法

心理辅导课要调动所有学生参与，以活动为载体，通过学生参与、体验、感悟，达到辅导目的。又因受课程设置限制，心理辅导课不是主科。所以，教学过程的设计必须考虑可操作性，并遵循心理健康教育的原则。

（1）学生是自己心理发展的主人，要坚持"辅人自辅、助人自助"辅导原则；

（2）辅导过程即教育。要创设相互尊重、平等交流，真诚互动、以情育人的辅导气氛；

（3）运用参与式、互动式的辅导模式，让学生在体验中学习受益；

（4）为使辅导收到实效，采用"一课一专题，每课有收获；课课有联系，学年大受益"的辅导策略。这样可以解决课时短、间隔时间长给辅导带来的不利因素。

受欢迎的《少女课堂》

《少女课堂》

女生与男生相比，她们对性生理知识的知晓比男生差，学生对目前学校性健康教育评价不高却又寄予期望。

应当指出，教育观念滞后、教育方法落后已经成为青春期教育障碍。从社会环境看，适合青少年阅读的性健康教育读物太少，而充满性挑逗的口袋书很多。不适合青少年的街头小报、性用品广告、影视剧画面、声讯电话、黄色网页充斥四周；从家庭方面看，不少家长的观念滞后，很多家长不具备应有的性教育知识。当他们面对青少年遇到的青春期问题时往往采取"限制"、"堵"的方法，个别家长甚至采用"强制"、"暴力"的方法。所以，性健康教育观念滞后、方法陈旧与学生对性健康教育需求的矛盾已经成为青春期教育的主要矛盾。学校、社会、家庭应该给正在成长中的青少年创造一个良好的成长环境。

青春期是由儿童生长发育到成年的过度时期，是以性成熟为主的一系列（形态、生理、内分泌、心理、行为）的突变阶段，教育不当则会影响一生的发展。帮助学生正确认识性生理和性心理变化，学习异性交往规范，把对异性的好感和爱慕发展成纯真的友谊，把注意力集中到学习和确立人生目标上来，是我们每一位教育工作者的责任。

青春期性健康教育既是性健康知识教育，更是人性教育、人格教育、人生观教育。帮助学生建立正确的价值观，树立责任意识，形成道德判断力和道德自制力，塑造健全的人格，是青春期性健康教育的最高境界。

《少女课堂》活动可以概括为：一个理念、三条原则、四级目标、六次活动。

（1）一个理念。把科学的性知识给学生，把性健康教育与理想教育、人格教育结合起来，帮助学生学会自尊、自信、自爱、自护。

（2）三条原则

①性生理、性心理、性道德教育同步原则。青春期性健康教育，性生理教育是基础，性心理教育是重点，性道德教育是核心。性生理知识教育意在帮助学生以科学的态度认识性生理，形成健康的性态度、性观念；性心理教育是要帮助学生认识、理解性心理发展现象，形成健康的性心理。性道德教育是贯穿教育活动始终的教育。要通过教育，培养学生健康的人性观、男女平等观、婚恋观、价值观、人生观。这是性健康教育的最终目的。

②适时、适量、适度原则。所谓适时、适量、适度，就是根据学生生理心理发展的阶段和规律进行性健康教育。

一是要考虑年级年龄的跨度。初、高中六年是学生生理、心理发展最快、变化最大的六年，教育计划必须考虑这一特殊情况，针对不同年级学生的生理、心理发展现状，制定教育计划，使教育更具针对性、实效性。

二是要考虑个体发展差异。由于每个人的成长环境不同，个体间的性生理成熟度、性意识发展水平均有很大差异。初二开设《少女课堂》，教育内容侧重于基本的性生理、心理知识，侧重于行为方法的指导，高一开设《女中学生心理辅导课》，讲一些较深的性生理知识，但侧重性心理健康指导，重点是价值观、责任感、人生观的教育。对于个别学生提出的更深的、不具有普遍性的性生理、心理问题，则应采取个别咨询辅导的方法来帮助她们。

③学校、家庭、社会教育协同原则。学校、家庭、社会教育协同进行，最终要给学生创造一个良好的成长环境。

（3）四级目标。帮助学生以科学的态度，认识理解性生理、性心理变化，形成健康的性态度；

帮助学生认同性别角色，发展良好的性别角色意识；

帮助学生理解同性、异性交往行为规范，掌握正确的交往方法；

帮助学生建立正确的性观念、积极的人生观，以高度的责任感和道德自制力进行性伦理选择，升华人性，提高生命质量。

（4）六次活动。根据学校教育教学实际情况，安排六次教育活动：

生命的奥秘、我和我的心理、学会交往、学会自护、认识性病、远离毒品。

（5）教育活动时间及教育形式。青春期性健康教育暨《少女课

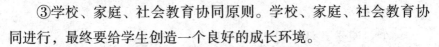

堂》教育活动每年安排在初二年级进行。

每学年安排六次活动,即每月一次活动。

青春期性健康教育暨《少女课堂》教育活动,主要采用专家授课制,同时也采用讨论式、参与式的活动课形式。

专家授课 60 分钟/次,学生与专家面对面交流 20 分钟。

为使每一次活动更有针对性、实效性,我们聘请 12 个学生做"少女课堂小研究员",收集同学们的意见。

每讲之前主持人与专家共同制定授课提纲。请求专家授课要知识与实例结合,充分运用数字图片说话。专家要着职业装讲授。

温馨的《心理调节室》

专为女中学生服务的心理调节室,集心理咨询、心理测验、读书自助、音乐调节、热线电话等五种功能于一室,用学生易于理解的语言,诠释每个部分的功能:

知心岛:你说我听,排忧解难;

自助吧:阅读书籍,升华人生;

测试台:点击鼠标,认识自己;

轻松驿站:音乐倾听,整理心情;

女孩热线:电话倾诉,感悟成长。

在整体布局上,突出"尊重、平等、温馨、轻松、宁静"的氛围。

心理健康教育对学生人格和谐发展起到促进作用

(1)增强了女孩自信心。受传统错误观念和社会偏见的影响,女孩往往自觉不自觉地接受"女不如男"的思想而产生自卑心理。辅导课增强了女孩子的自信心,让她们从自卑的阴影中走出来,扬起了生命的风帆。学生认识到女孩学习理科不如男孩的说法没有科学依据,女孩有很多的优势,重要的是自信、努力、排除干扰、注意学习方法，同样可以优秀。

（2）感悟到人生价值。升华了人生境界，学生在总结中说："心理课使我知道了我是谁，我是怎样的人。""心理课使我的身心得到了净化，我要珍惜现在的好时光，好好度过自己的18岁。""心理课使我变得更成熟，更开朗。""我确定了自己的人生方向，感到生活并不是想象得那样无聊，而是非常有意义的追求人生目标的过程。"

（3）学到了心灵修养的知识。通过辅导学习，学生理解了积极的心境最重要、适度紧张有利于提高学习效率、性格决定成败，学到了女孩自我保护知识、异性交往方法、亲子交流方法、情绪调节方法、增强自信的方法。学生在总结中说："以前，我不爱惜自己的身体，也不重视自己的身体健康，经常用凉水冲脚，上了课我明白了怎样爱惜身体。""我带着激动和好奇的心情来到少女课堂，听老师讲青春期心理我才知道为什么有时我的心情会忽好忽坏。""我知道我要做一个自信、进取、有智慧、乐观、真诚、善良、有责任感的女孩，做一个健美、文雅的女孩。""我们要学会保护自己，从正确的渠道了解性知识。""我明白老师家长为什么不同意早恋了，青春期是人生的黄金时期，应该多学习科学文化知识，学习跟异性交往的方法。"很多学生深有感触地说："一门重要的课程，在以后的工作、生活中都会潜移默化地指引我。"

（4）协助学生解决面临的问题。摆脱困境，增强面对困境的能力和勇气，宣泄不良情绪，调整自己的精神状态，预防可能出现的危险情况。

12. 农村中学生的阳光心理教育指导

良好的心理素质是人的全面素质的重要组成部分，又是未来人才素质的一项十分重要的内容。当代农村初中学生是跨世纪的一代。他们正处在身心发展的重要时期，随着生理与心理的发育发展、竞争压力的增大、社会阅历的扩展及思维方式的变化，在学习、生活、人际交往、自我意识等方面可能会遇到各种心理问题，有的问题如果不能及时解决的话将会对学生的发展产生不利的影响，严重的使学生出现心理障碍或人格缺陷。学生的健康成长，需要帮助他们掌握调控自我、发展自我的能力。

农村初中学生的身心特点

初中学生正在长知识、长身体的重要时期，各方面都不成熟。一方面学生的认识、智力、意志、道德等心理活动随着年龄的增长不断的感知有了一定的提高。另一方面，由于人的先天因素不同，生活环境不同，所受的教育环境不同，所从事的实践活动不同，每个人的个性心理必然存在差异。农村初中学生在从小学步入中学后，普遍存在着学生的心理状况和学校生活的不相适应。具体表现在：

（1）破罐破摔心里。在学校班级管理中，特别是后进生往往由于成绩、操行方面弱于其他学生，很容易在心理上产生一种自卑心理，行为上也常常表现为孤独、羞怯。同时，由于种种原因，或是基础差，或是学习方法不当，或是因为环境不佳，经过努力后仍然得不到改善，于是责怪自己，怨恨自己，最后破罐破摔以求心理负荷的释放。

（2）耐挫能力差。由于受多种因素的影响，如父母的过分宠爱、激烈地学业竞争、学校教育的欠缺，当代农村初中学生都有不同程度的心理疾患，抗御挫折的能力比较低，缺少战胜困难的勇气和信心，经受不了批评，遇到挫折不是勇于战胜困难，而是逃避困难，失去信心，甚至遇到挫折后感到压抑、想不开，严重影响了他们的身心健康。

（3）学习方式的不适应。中学的学习生活比小学紧张，而且在学习方式和方法上有所不同，相当一部分学生的自学能力差，缺少自信心，特别是当学习成绩表现不佳时，更缺乏抗挫折的能力，往往无所适从。

（4）情绪起伏变化大。调控能力差，初中学生情绪丰富而强烈，情绪起伏变化大，很不稳定，容易冲动。初中学生往往不善于调节和控制自己的情绪。

（5）人际交往不适应。现在农村初中学生有少部分是独生子女（约占2%左右），在父母的呵护下成长，部分学生以"自我为中心"偏激、固执，理解和尊重他人的能力差。

农村学生需要具备的心理素质

随着社会的发展，科技的进步，知识经济日见端倪，社会竞争日益激烈，对人们的知识结构和文化水平不断提出新的要求，学生在学校不仅要掌握科学文化知识，更重要的是培养他们的实践应用能力、创新能力、语言表达能力。而这些能力的形成都是以一定的心理素质为基础。人的各方面素质的提高是在需要、动机、兴趣、信念、态度、意志、情感等因素的助长和推动下完成的，一个人整体素质如何在很大程度上取决于非智力因素。中国在加入世界贸易组织以后，中学教育将面临着更严峻的挑战！为此，在学校教育中怎样通过各种形式对不同年龄层次的学生进行心理健康指导，帮助学生提高心理品质，健全人格，增强承受挫折、适应环境的能力已迫在眉睫。

农村初中学生现代心理素质是具备以竞争与创新为主的，主动迎接挑战的心理品质，主要包括五个方面：

（1）抗挫能力。抗挫能力是人们对外界压力的适应能力，或人们对挫折的抵抗能力。抗挫能力是竞争能力的重要组成部分，一个具有良好心理素质的人，在不利的环境中或遇到困难、失败时，始终能保持稳定的情绪和平衡的心态，以高昂的精神状态和正确的态度去面对环境的压力，主动向挫折挑战，勇敢战胜挫折，保持正常的心理活动，从而体验成功，增强信心。

（2）坚强意志。坚强意志是人们行动的强大动力；是克服困难的必要条件；是成就事业的重要保证；更是现代心理素质的突出表现、是一种勇气。初中学生正处于长知识、长身体的阶段，处于心理发展的可塑期，有进取心但有时往往有始无终。因此，培养初中学生坚强的意志力尤为重要。

（3）冒尖精神。敢为人先、敢于冒尖是一种勇气，是具有强大精神力量的表现，更是现代心理素质的表现。一个人如果具有了冒尖精神，那么在自身奋斗过程中就不会在乎别人如何评价自己，靠自己强大的勇气和信心做出冒尖的成绩。

（4）竞争能力。竞争能力是现代心理素质的关键。培养具有竞争精神的人才成为时代发展的必然要求。只有具有竞争精神，才能激发个人的潜力，调动自己的积极性，在学习中敢于冒尖，在困难面前不灰心丧气，勇往直前，不断攀登，从而促进个人进步，增强自身实力。

（5）创新精神。创新精神是现代心理素质的核心，创新思维是创精神的重要内容。创新思维具有积极的求异性、敏锐的观察力、创造性的想象、独特的知识结构、活跃的灵感五大特征。只有具备了创新精神、创新思维和创新能力，才能不断地发展和完善自我；才能适应现代化的要求；才能以不断地创新来迎接未来社会的挑战。

培养农村初中学生心理品质的途径和方法

由于农村初中学生有着家庭环境、年龄特征、个性心理的不同，所以培养初中学生良好的心理品质不仅需要学校、教师共同努力，探索培养初中学生现代心理品质的途径和方法，更需要学校、家庭形成合力，共同塑造学生美丽的心灵。

（1）提高挑战能力。在农村中学开设心理健康教育课程，帮助学生了解心理科学知识，掌握一定的心理调节的技能技巧，提高应对挫折与挑战的能力。

（2）优化心理品质。建立良好的自我观念，每个人都有受到他人肯定和尊重的心理欲望，初中学生更是如此；每个学生都有自己的优点和长处、弱点和不足，这就需要教师帮助学生正确了解自己，建立良好的自我观念，需要教师用"放大镜"看待每一个学生，善于发现学生的优点，并及时地鼓励和表扬，以增强学生的信心。并以此作为他们自尊自信的支点，从而逐步树立自尊心和自信心；需要教师助学生正视缺点，通过学生自己的努力改正缺点，完善自己的人格。

（3）锻炼坚强意志

①讲解有关意志锻炼知识，提高思想认识。初中学生正处于心理发展的可塑期，往往做某些事情三分钟热情，有始无终。因此，各科教师尤其是政治课老师要注重讲解有关意志方面的知识，让学生认识到意志是人行动的强大动力，是克服困难的必要条件，是事业成功的重要保证，是成为生活中强者的必要条件，锻炼意志要从小事做起，从现在做起，持之以恒，还有明确的锻炼目标

和计划。

②参加体育锻炼，进行体能意志的锻炼。表现在积极参加各种体育锻炼尤其是长跑，这是最能锻炼人的毅力和耐力的活动。

③找出自身的弱点和不足，明确目标。这就需要学生在订立目标时，不能太远，要切合实际，然后通过自身的努力克服或改变，从而增强成功的体验。

（4）提高耐挫能力。由于受多种因素的影响，如家长的过分宠爱、激烈的学业竞争、学校教育的欠缺等，当代农村初中学生普遍存在着不同的心理疾患，抗御挫折的能力比较差。对此，在实施素质教育的今天，提高学生的耐挫能力尤为必要。

①正确认识挫折。学校教育中应通过多种途径对学生进行挫折教育，使学生充分认识到挫折的必要性、随机性、两重性，从而夯实基础，降低受挫的损害程度。例如：开设心理健康课或聘请专家讲解挫折教育课、兴办抗挫经验班会等。学生有了这些关于挫折知识的心理基础，在遇到挫折的时候就不会有太多的惊慌，就会认真对待。

②树立信心，勇敢面对挫折。教师应给予学生必要的信任，要让学生知道凡挫折都是可以战胜的，信心是战胜挫折的精神力量，勇气和胆量是克挫制胜的有力武器。例如：对一些学习有困难的学生，教师采用因材施教，降低学习难度和要求，要帮助他们逐步树立信心，培养他们战胜困难的勇气。

③要认真分析受挫的原因。绝大多数挫折都是由一定原因造成的，诱发因素是直接引起心理问题的外在的、客观的因素。主要包括家庭因素、学校因素和社会因素。

家庭因素对小学儿童的身心健康来说影响很大，如家庭教育方式不当，家庭情感气氛冷漠等。

学校因素，学校是学生学习、生活的主要场所，学生的大部分时间是在学校中度过的，因此，学校生活对学生的身心健康影响也很大。例如，校风学风不振、学习负担过重、教育方法不当、师生情感对立、同学关系不和谐等，都会使学生的心理压抑，精神紧张、焦虑，如不及时调适，就会造成心理失调，导致心理障碍。

社会因素，社会生活中的种种不健康的思想、情感和行为，严重地毒害着学生的心灵。特因此教师在学生遇到挫折时教师认真分析，彻底搞清学生产生挫折的原因，然后根据不同的情况有针对性的逐一解决，或帮助学生调整目标或创造所缺条件等，排除障碍，走向成功。

④通过学科教学渗透心理健康教育。中学的许多课程都包含着丰富多彩的心理健康教育内容，教师应积极深入地挖掘，对中学生实施教育、有意地影响，达到润物细无声之效。比如，历史课中英雄人物的坚强意志和英雄事迹、语文课文中人物心理的描写等都会对学生的心理产生积极的影响。因此在各门学科的教学目的中加入心理教育的分节目标，使教育模式由知识教育向素质教育、心理教育转化。

（5）鼓励冒尖精神。由于受中国传统"中庸"思想的影响，不少初中学生缺乏勇气和创新精神。例如，上课回答问题不积极主动、不善于表达自己的见解，有些学生即使会也不说，害怕出错，影响自己在同学们心目中的信誉等不健康的心理。因此，教师在教育教学中应鼓励学生大胆质疑，敢于发表自己的见解，鼓励学生冒尖。

①创设机会，营造氛围。一是课堂教学过程中教师应创设问题情境，鼓励学生勇于将自己的想法、见解讲出来，注重营造班级和谐向上、竞争进取的氛围。例如：在政治课教学中师生角色互

换、时政五分钟演讲、对问题的分组讨论、抽签回答问题等，以激发学生的进取意识。

②开展活动，发扬精神。鼓励学生冒尖，班集体应组织各类活动，诸如：演讲比赛、运动会、卫生竞赛等活动，培养学生的争先意识、团队意识，鼓励学生通过自身的努力去大显身手，去实践各种机会，总结成功经验，提高心理品质，从而增强信心。

（6）培养竞争精神。没有竞争机制的社会是惰性的社会，缺乏竞争精神的个人也只是消极的个体。竞争能力是一种具有远大抱负、一种不断追求、不断攀登的精神。当代初中学生具有一定的竞争意识，但又往往缺乏耐力，表现为开始做某件事情时，信心十足，斗志昂扬，但一遇到困难、失败，又失去勇气和信心。

为此，在中学教育中要通过多种途径培养学生的竞争意识，构筑一种你追我赶、相互竞争、既团结又友爱的环境。只有这样，才能使学生具有竞争精神，才能激发个人的潜力，在学习中敢于冒尖、敢为人先、努力向上，永不自满，从而促进个人进步，增强自身实力。我们应做到以下几个方面。

①组织各种竞赛，给学生创设展示自己才华的舞台。例如，每学期组织一次运动会、故事会、演讲会、猜谜语竞赛等，让全体学生都积极参加，以调动学生的积极性和增强竞争意识，促进学生个性特长的发展，激发他们的竞争意识，培养他们的竞争精神。

②实行班干部竞选制。21世纪是信息时代，是竞争时代。在班级中引用竞争机制选拔班干部，有利于调动全体学生的积极性，激发他们的参与意识，通过竞选班干部让学生认识到：只要具有一定的知识水平、素质水平就可进入班干部队伍，只有通过自身的勤奋学习，严格要求自己，模范遵守规章制度，方能脱颖而出。

③创设竞争机会，开办"我之最"、"我的特长"活动。例如，

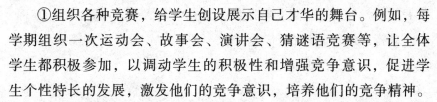

在班级中开展踢球、游泳、剪纸、演讲等活动，让每个学生充分展示自己的才能。作为教师来说，应善于发现，注意引导，并给他们创设展示自己才能的机会。通过开展"我之最"、"我的特长"等活动，使每个学生都能亮出自己的"绝活"，激发学生的竞争意识，使之体验成功的乐趣。

（7）培养创新精神。培养和增强学生的创新能力是现代教育所要达到的目标，课堂教学中只要教师善于引导，就有希望将他们培养成为具有创新素质的人才，积极创设情境激发学生的思维，让学生勇于发言，积极讨论，手、口、脑并用，就能达到学以致用的目的。

①布局提问，培养创新意识，课堂教学是实施素质教育的主渠道，思维从问题开始，敢于提问正是思维的原动力。因此，在课堂教学中积极创设情境，适时布疑，巧妙质疑，灵活释疑，从而改变学生的被动状态，主动学习，积极思维。

②抓联系，促深入，拓展学生思维的广度和深度，提高思维能力。一是加强学科之间的联系，有助于学生理清教材、掌握知识，培养能力。二是教师引导学生对研究的对象从不同角度、方面、层次进行思考，将疑问伸到深处，使问题的提出和发现更具有新意，使学生的思维向深层次思考。

③抓逆向，求突破，培养学生思维的独特性。这就要求教师在课堂教学中引导学生多问几个"为什么"、"还会怎样"，从而启迪学生思维，提出独到的见解。面对习题及答案接受它的基本思路，但不能满足现成的答案，鼓励学生力求突破，从反面思考，更加深刻的理解知识，分析问题，让自己独特的想法脱颖而出，有助于学生思维能力的提高，向创造性思维发展。例如：人有远虑未必无近忧（用意识反作用，因果关系原理分析）；近朱者赤，近墨

者未必黑（用内外因辩证统一原理分析）等。这些对问题的逆向思维，有助于学生发现问题，使学生摆脱固有的思维模式和知识结构的束缚，从而培养思维的独特性。

在实施素质教育的今天，知识经济日见端倪，社会竞争日益激烈，学校、教师、家庭都有责任和义务针对新形势下青少年心理发展的特点，加强学生的心理健康教育，培养学生的非智力因素，增强学生适应社会的能力。更需要教师率先垂范，锐意进取，不断更新结识结构，积极投身于心理健康教育，以提高学生的心理素质，主动适应社会，迎接挑战。

培养新型的师生心理相容关系

学生厌学是目前学习中比较突出的问题，也是现代中学生普遍存在的一个心理问题。如：教师教学方法不灵活、教师的嘲讽，带有惩罚性以及教师的认知偏差等情况给学生造成的压抑心理，同学的轻视甚至家长的埋怨和打骂，给学生的心理造成了很大的压力，会给学生的心理造成种种问题。教师与学生紧张的师生关系，相互间缺乏心理沟通是造成这一现象的重要原因，俗话说亲其师才能信其道，宽松、和谐的师生关系是消除师生心理障碍的关键，教师可以通过培养以下的新型的师生心理相容关系。

（1）民主与平等：教师民主，学生自主自动；

（2）关心与理解：充满对人的关心，接纳对方，互相理解，互相尊重；

（3）真诚坦白：知之为知之，不知为不知，不伪装，不说谎，沟通顺畅；

（4）相互独立，各负其责，互相配合：教师负起教的责任，学生尽到学的义务，主动适应积极合作；

（5）教师要主动为学生服务：把学生当成自己的"客户"；

（6）能够说"不"，好建议受欢迎：学生在教学活动中，对不适当的安排可以而且能够说"不"，并有其他的选择，学生的好建议，能够得到教师的欢迎。

这样心理健康教育融洽了师生关系，在相互理解、尊重的基础上，实现了学生生动、活泼、健康的发展。

13. 大学生的阳光心理教育指导

要积极开展大学生心理健康教育和心理咨询工作，注重培养大学生良好的心理品质，引导大学生健康成长。

加强大学生心理健康教育的重要性

加强大学生心理健康教育是培养高素质合格人才的迫切要求。高校担负着培养高素质人才的光荣使命。高素质人才，不但要有良好的思想道德素质、科学文化素质和身体素质，也要有良好的心理素质。事实说明，一个民族，没有振奋的精神和坚强的意志，不可能自立于世界民族之林。一个人，没有振奋的精神和坚强的意志，不可能成为高素质人才。许多成功人士的一个共同之处，就是有良好的心理素质。那些事业失败、人生挫折的人，也往往是心理素质比较脆弱，经不起困难、挫折乃至成功的挑战和考验。必须在大学阶段，对大学生加强心理健康教育，不断提高大学生心理素质。

加强大学生心理健康教育是帮助学生成长成才的迫切要求。当代中国大学生大多为独生子女，他们是一个承载社会、家庭高期望值的特殊群体。他们自我定位比较高，成才欲望非常强，但社会阅历比较浅，心理发展不成熟，极易出现情绪波动。随着经济

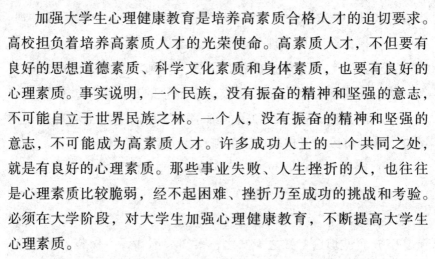

社会的发展，特别是涉及大学生切身利益的各项改革措施的实行，使大学生面临的社会环境、家庭环境和学校环境日益纷繁复杂。他们面临的学习、就业、经济和情感等方面的压力越来越大，不可避免地会形成各种各样的心理问题，需疏导和调节，通过心理健康教育培养良好心理品质，为成长成才打下良好基础。

加强大学生心理健康教育是进一步做好大学生思想政治教育工作的迫切要求。大学生正处于人生发展的重要时期，大学阶段是世界观、人生观、价值观形成的关键时期。大学生在成长过程中遇到的困难和矛盾，产生的困扰和冲突，会形成这样或那样的心理问题。而这些心理问题又往往同他们世界观、人生观、价值观的形成交织在一起。心理问题，是"三观"问题在心理方面的反映。心理问题的解决，从根本上讲要以树立正确的"三观"为前提。反之，心理问题的存在，也必然影响正确"三观"的确立。因此，加强和改进大学生思想政治教育，要在理想信念、思想品德、行为养成、心理健康等各个层面全面展开，使思想政治教育与心理健康教育互相补充、互相促进。

进一步明确大学生心理健康教育的总体要求

加强大学生心理健康教育的指导思想是：以邓小平理论和"三个代表"重要思想为统领，遵循思想政治教育和大学生心理发展规律，积极开展心理健康教育，认真做好心理咨询工作，不断提高心理调节能力，努力培养良好心理品质，大力促进大学生身心健康素质、思想道德素质与科学文化素质协调发展。

加强大学生心理健康教育的基本原则是：坚持心理健康教育与思想政治教育相结合，既要帮助大学生优化心理素质，又要帮助大学生培养积极进取的人生态度。坚持普及教育与个别咨询相结合，既要开展面向全体大学生的心理健康教育，又要开展针对个体的心理辅导和咨询工作。坚持课堂教育与课外活动相结合，既要通过课堂教学传授心理健康知识，又要组织大学生参加陶冶情操、磨炼意志的课外文体活动。坚持课堂教育与自我教育相结合，既要充分发挥教师的教育引导作用，又要增强大学生自我心理调适的能力。坚持解决心理问题与解决实际问题相结合，既要加强大学生心理健康教育，又要为大学生办实事办好事。

加强大学生心理健康教育的主要任务是：宣传普及心理健康知识，帮助大学生认识健康心理对成长成才的重要意义。介绍增进心理健康的方法和途径，帮助大学生培养良好的心理品质和自尊、自爱、自律、自强的优良品格，有效开发心理潜能，培养创新精神。解析心理现象，帮助大学生了解常见心理问题产生的主要原因及其表现，以科学的态度对待心理问题。传授心理调适方法，帮助大学生消除心理困惑，增强克服困难、承受挫折的能力，珍爱生命、关心集体、悦纳自己、善待他人。

努力提高大学生心理健康教育工作水平

充分发挥课堂教学在大学生心理健康教育中的重要作用。课堂教学是大学生思想政治教育的主阵地，也是大学生心理健康教育的主阵地。在哲学社会科学课中特别是思想政治理论课中开设心理健康教育课程，并有针对性地开设相关选修课程，加强心理健康教育，提高大学生心理素质。课堂心理健康教学必须结合实际，不断丰富教学内容，改进教学方法，多通过案例教学、体验活动、行为训练等形式提高教育效果。

积极引导大学生保持健康向上的心理状态。树立良好的精神状态，有利于从根本上消除心理障碍。广泛开展心理健康宣传教育，组织大学生心理健康宣传日（周），举办心理健康讲座和心理知识竞赛，开办网上心理健康栏目，并发挥学校广播、电视、校刊、校报、橱窗、板报和校园网络的作用，宣传普及心理健康知识，营造心理健康教育良好环境。广泛开展深入细致的谈心活动，加强思想、感情、心理的交流与沟通，做到"一把钥匙开一把锁"，化解矛盾，润物无声。广泛开展丰富多彩、形式多样的校园文化和社会实践活动，使大学生在活动中精神生活得到充实、心理品质得到磨练、心理素质得到提高。

切实帮助大学生解决实际问题。学习生活中的问题容易诱发心理问题，解决实际问题有利于解开心理疙瘩。心理健康教育说到底是做人的工作，必须把解决心理问题与解决实际问题结合起来。必须采取切实措施，有针对性地帮助大学生处理好学习成才、择业交友、健康生活等方面的具体问题，特别是要做好高校贫困家庭学生资助工作、毕业生就业服务指导工作、大学生管理和服务工作，以缓解来自经济、就业、学习等方面的压力。

认真做好大学生心理咨询工作。心理咨询是帮助大学生解疑释惑、消除心理障碍的有效方法。通过开展个别咨询、团体咨询、电话咨询、网络咨询、书信咨询等，为大学生提供及时、有效、高质量的心理健康指导与服务。做好新生、应届毕业生、家庭贫困学生，特别是学习困难学生、失恋学生、违纪学生、言行异常学生的心理辅导和咨询工作，帮助他们化解心理压力，克服心理障碍。发现存在严重心理障碍和心理疾病的学生，应及时转介到专业卫生机构进行治疗。

努力构建和完善大学生心理健康教育工作体系。心理健康教育是一项新的工作，必须建立新的工作体系。当务之急应建立测评体系，研究制定符合我国社会文化条件、适合中国大学生的心理健康素质测评标准，并认真组织测评工作，设立大学生心理素质档案，增强教育的针对性和工作的预见性。应建立心理问题高危人员的预防和干预体系，做到尽早发现、及时预防、有效干预因严重心理障碍引发自杀或伤害他人事件的发生。应建立心理健康教育具体工作体系，在学生工作系统设立专门部门，配备专业人员，具体负责组织实施大学生心理健康教育和心理咨询工作，形成课内与课外、教育与指导、咨询与自助相结合的心理健康教育工作体系。

大力加强大学生心理健康教育队伍建设。心理健康教育的成效取决于这支队伍的素质。必须下力气建设一支以专职教师为骨干、专兼结合、专业互补、相对稳定、素质较高的大学生心理健康教育和心理咨询工作队伍。坚持少量、精干的原则，配备一定数量专职从事大学生心理健康教育的教师。必须下力气加强大学生心理健康教育和咨询工作专兼职教师的培训，并参照国家有关部门心理咨询专业人员相关规定和要求，逐步使专职心理健康教育和咨询人员达到持证上岗要求。同时，要重视大学生思想政治教育工作人员，特别是辅导员和班主任的培训，使他们了解和掌握心理健康教育的基本知识和方法，提高教育的针对性和实效性。

第二章

学生阳光心理教育的心理辅导

1. 成长是一种化茧成蝶的痛

席慕蓉说过，在我们的成长中，或多或少都会经历一些磨难，我们成功过，失败过，但我们从未放弃过，因为我们懂得成长是一种化茧成蝶的痛。

在人生的十字路口上，有些青少年曾迷茫过，徘徊过，成功过，失败过，但却从未轻易放弃过，因为他们坚信阳光总在风雨后，而成长过程中却有化茧成蝶的痛。

小时候我们对所有美好事物都会充满无限的向往，在幼小的心里，认为世界是如此的美好，渐渐的我们长大了，身上多了一份责任，却少了一份轻松，我们的生活不再充满梦幻色彩。于是我们便勇敢地在挫折中成长，在伤痛中成长。

随着年龄的增长，才突然发现，生活中的一切并不是像梦想中的那样美好。所有的美好愿望都被残酷的现实所磨灭，使我们在困难面前，总会产生逃避的想法，没有勇气去面对眼前的事实，甚至开始对成长充满恐惧。

成长是一种美丽的痛

在成长的过程中，我们难免会被叛逆心理所笼罩，对父母不屑一顾，喜欢我行我素，对家人充满敌意，从而造成了两代人之间的代沟。其实我们都知道父母在内心里是爱我们的，只是他们不轻易把爱表达出来而只会用自己的行动去爱我们，却从不用言语告诉我们。当我们渐渐成熟之后，就会理解父母的做法。抛弃那段不成熟的情愫，犹如化茧成蝶般的蜕变，过程虽然痛苦，却可以让我们享受后来的美丽。

青春对我们来说，有时只是一种人生态度并非状态，每个人的生命中肯定都要经历一次刻骨铭心的痛，这是我们成长的蜕变，没有撕扯的剧痛何来化茧成蝶的美丽。

在成长的过程，我们对美好的未来充满了幻想，充满了希望，但所有的事情并不像我们想象的那么简单，曾经年少无知的我们经历了人生的大风大浪使我们脆弱的心变得更加坚强，使我们在生活上学会了自立，不再去依赖我们的父母，因为我们都明白，父母不可能陪我们一生一世。如果过分的去依赖他们的话，我们的依赖心理会越来越强，处理事情缺乏主见，所以青少年要在成长中长大，在成长中学会坚强。

其实，人的一生也正如一只蚕的一生。从出生时啼哭的喜悦，到死前微笑的无奈；从懵懂无知的弱冠之年到波澜不惊的垂暮年华，历经生命中每个阶段的磨难困惑，种种酸甜苦辣，冲破层层阻挠和束缚，最终如一只蚕一般羽化成蝶，一个人的一生就完满的写上了一个句号。并非每只蚕都能挣扎过这痛苦的蜕变，在来时路上渐渐遗失生命。同样，并非每个人都能承受这痛的折磨，在成长的过程中，在青春的迷茫中，在平庸的生活里，有多少人能坚持心中的梦想始终如一？有多少人能够咬着牙承受一切寂寞苦痛，熬过漫漫无期的长夜？只为那不确定的一滴晨露，一丝朝霞，一袭羽衣？而化茧成蝶后的美丽，虽短暂却成为永恒的回忆。

成长的过程是痛苦的，蜕变的过程是艰难的，但正是因为有了这份痛苦和艰难，我们的青春不再苍白，成长是一段刻骨铭心的岁月，点点滴滴都值得我们珍藏。

在成长中学会坚强

在成长的过程中，伴随着升学压力，学习压力，父母的不理解，以及与老师同学的沟通等多方面的困惑，我们会感觉自己肩上的担子越来越重了，而现在最让我们困惑的莫过于学习和朋友的关系。学习很重要，但是朋友对我们的人生也非常重要，所以一旦与朋友产生了矛盾，就会引起情绪上的波动，一旦心情不好，就会对别人发脾气。而对于我们这个年纪的少男少女来说，都会经历情绪上的波动。

在面临人生的选择时，我们迷茫过，无助过，甚至想放弃过，但我们并没有那么做，因为我们有梦想。虽然这个过程很艰辛，但只要我们努力过，拼搏过，就算失败，又能怎样？最起码，我们没有放弃，即使失败了，我们还可以从头再来。

有时，梦想对于我们来说是一种人生目标，在时间的流逝中，我们由浮躁变的平静，由无所谓变得认真执著，起初的不经意，变成今日的百折不回。

每天我们都在满天星斗中起床、洗脸、刷牙，开始一天的学习生活。深夜，我们仍在苦读，为我们的人生目标而坚持。我们常常会因为浪费一分钟的时间而自责、愧疚，所以从不主动去联系同学朋友。心中也有过动摇，却又激励自己，不经历风雨怎能见彩虹，以后会有时间的，坚持过这段时间就会好起来！

到了放榜的日期，知道自己没有通过的消息，心情依然平静，不是因为麻木、不是因为无所谓，只是已经在风雨中成长，只是已经收获了坚强！人总是要经历一些事情才能成长。生活总是教会我们在失望中孕育希望，在失去后才懂得珍惜。经历挫折磨难的我们，像风雨中的花朵，为成长而感动，因风雨而坚强，我们应该坚持我们的选择，虽遭遇挫折，仍痴心不改，为梦想而坚持！

对现代青少年来说，经历艰辛的成功像醇香的美酒，让人激情澎湃，让人收获喜悦。在这个过程中，我们收获勇气、坚强、感动和成长。

2. 任何成长都要付出代价

在人生旅途中，并不是所有的事情都如我们想象的一帆风顺。当我们遇到愉快的事情时，心情就会很开朗；而当我们遇到一些不开心的事情时，就会对生活充满抱怨。没有不起波澜的人生存在，因此，我们一定要做到"成不骄，败不馁"。不管成长的道路上需要付出何种代价，都要坦然去面对。

坦然面对成长中的等待

每个人的成长都是需要付出一定的代价，我们总是习惯对别人的风光无限充满羡慕之情，却没有去想过他们在风光背后所付出的艰辛。每个人的成长都会或多或少经历一些坎坷，坦然面对这些坎坷，便会顺利走过去，使其成为人生中的一笔财富。

成长是由开心与失落、幸福与寂寞、郁闷与不满、明白与糊涂、背叛与支持组成的一个结合体。这个过程是每个人在成长的过程中都必须经历的阶段，只是由于不同的人对待事情的态度会有所不同，所以解决问题的方法也会不同。有的人会把它当成一种烦恼，整天怨天尤人，遇到一点挫折就一蹶不振，认为命运对自己不公，所有的烦心事都让自己遇到了。我们一定要学会成熟，不要自暴自弃，更不要怨天尤人，要知道，我们所遭遇的一切经历都是必然的。

成功的人生，一定伴随着努力和机遇、付出和收获。有时候，你会觉的等待的过程是对自己最痛苦的折磨。其实，在等待的过程中，会让青春年少的你多一份成熟，多一份机遇。然而，不经生活，就没有资格等待，更没有资格享受等待的结果。人的一生就是由无数个等待、机遇和奋斗组合而成的。等待了，即使结果不尽人意，也无愧于生活。等待是一种资历，是一种磨练，更是一种体味。尽管有些难耐，但是，由于有了难耐，才让年轻的你更能认识到生活柔性的一面，这种柔性也是在成长过程中磨砺而产生的。

如何对待成长的态度

在成长的道路上，有失败和挫折，也有成功和喜悦，我们应保持积极的心态，正确对待成长中的苦与乐。成长途中，肯定会遇到各种各样的开心或不开心的事。这个过程值得我们去认真地体会。

成长是让人既渴望又担忧的事情，它会让我们历经磨难，又为我们带来风雨之后的迷人芬芳。

幼时的我们渴望成长，为自己的未来编织无数美丽的梦。然而，当我们带着对未来的憧憬渐渐长大时，就会发现生活中的诸多问题。生活会带给我们无尽的挫折和苦涩，在带给我们数不尽的烦恼的同时也带给我们梦幻般的梦想。

在踏进中学校园的那一瞬间，就意味着成长即将开始。以后的日子无论晴天还是阴天，都必须勇敢地面对。学习与生活是我们成长过程中需要解决的一个最为艰难、复杂、甚至是最难下结论的问题。难道当我们面对学习的挫折就只会退缩吗？成绩的优劣给我们增加了数不尽的烦恼，父母的责骂让我们悲愤不已，老师失望的目光让我们无地自容。于是很多人选择了放弃，似乎在我们的世界里，放弃便成了唯一的选择！

逃避为我们解决不了任何问题，只能阻碍我们成长的步伐。在学习生活中，我们最怕的是考试成绩不理想。考差了不仅会遭到同学们鄙视，而且还受到家长的训斥。成长是我们为梦想奋斗的过程。无论如何，都应坚持自己想要坚持的东西，并为之奋斗，才可以把我们的人生点缀的更加亮丽多彩。若想成功，我们就要比别人付出更多的努力，更多的代价。任何人的成功都与个人的付出密切相连，付出与收获永远是成正比的。

很多时候，我们会去羡慕那些比自己优秀的人，其实我们没有必要这么做，只要有目标，有方向，我们也可以同样变得优秀起来。要善于抓住机会，不要轻易放过每一个机会。因为一个人的成功，机会也占有很大的成分。当新的机会摆在面前的时候，敢于放弃已经获得的一切，去寻求更大的发展空间。选择了一个机会，就意味着要付出放弃其他机会的代价。

在生活中，我们经常反省自己，是世界怯弱，还是自己怯弱？人生无常，相信救世主还是相信自己，是每个人必须做出回答的。自己可以解放自己，而现实不允许，我们把希望寄托于未来，但未来是空白的，于是我们发现未来并不真实，只能是现实，所以我们必须鼓起勇气去面对自己。

人生也是一种角色互换的过程，而且这是必不可少的角色。我们应该庆幸自己清醒地看到了这一点，因此对自己做过的一切有所总结，相信生活，面对生活，相信自己，善待自己。才能自由而勇敢地面对自己，面对别人，面对社会。我们不追求什么梦，只要脚下实实在在，心里就会踏踏实实。我是谁？我就是一个普普通通的生命，能悟出这一点，也许这才是你一生最大的收获。

我们不会甘心就这样沉沦，因为我们的信念没有改变，我们对未来美好事物的向往是永不褪色的！所以，我们决定重新站起来，寻找那份属于自己的快乐。于是朋友、知己也会进入我们的世界。在与他们的交流中，会使我们感受到每个人的人生都会有的辛酸苦辣，使我们更加明白，我们所面对的一切并不可怕，可怕的是我们没有勇气去面对这突如其来的一切，从而错过了应该属于我们的美丽彩虹。渐渐地，原本乌云密布的空中，被我们坚定的信念和豁达的心胸所击退。天空又恢复到晴空万里。

成长的过程中，使我们懂得了其中蕴藏着苦与乐，我们只有带着坚强执著的心，才能够深刻感受成长，体会出成长的美好。

总而言之，在成长过程中，有得必有失，得意时切勿忘形，失意时切勿气馁，这就是青春路上必不可少的成长轨迹！

3. 挫折是成长的必修课

每一位青少年都希望自己的青春之路能够多一些快乐，少一些痛苦，多一些顺利，少一些挫折，可是命运却似乎总爱捉弄人、折磨人，总是给人以更多的失落、痛苦和挫折。犹如一杯咖啡，在开始品尝时，必先经历一番苦涩才能喝出它的浓香。

挫折，是一把"双刃剑"

有这样一则故事：草地上有一个蛹，被一个小孩发现并带回了家。过了几天，蛹上出现了一道小裂缝，里面的蝴蝶挣扎了好长时间，身子似乎被卡住了，一直出不来。天真的孩子看到蛹中蝴蝶痛苦挣扎的样子十分不忍，于是，他便拿起剪刀把蛹壳剪开，帮助蝴蝶脱蛹出来。然而，由于这只蝴蝶没有经过破蛹前必须经历的痛苦挣扎，以至于出壳后身躯臃肿，翅膀干瘪，根本飞不起来，不久就死了。自然，这只蝴蝶的欢乐也就随着它的死亡而永远消失了。这则小故事说明了青少年成长的必经过程。

从某种意义上来说，挫折、苦涩是青少年追求与现实障碍的不协调，是美好期望与现实生活产生了距离，是付出与收获成不了正比。也许，面对新的工作环境，同样有过失落的痛楚，有过遗憾的懊恼，有过伤感的情怀。

试想一下，每个青少年都生活在一种没有任何压力的状态之中，那么也就不存在障碍和痛苦。不过，人生没有压力就不会有新的追求，不会有新的希望，更失去了生活的真正内涵。正因为存在着追求之中的挫折，才会有酸甜苦辣、人生百味，青少年才能细细品味其中的各种滋味，生活才会充满生机与活力。如果青少年把自己的成长过程想象的太过于完美，不经任何苦难和挫折就能达到心目中的理想，这世界岂不颠倒。

英国哲学家培根说过："超越自然的奇迹多是在对逆境的征服中出现的。"重要的是你以何种态度对待挫折。

青少年在遭遇挫折后，对待挫折的态度，往往大不相同。遇到挫折，有的青少年如石头一样撞了南墙也不回头；有的青少年如鸡蛋一样，从此破罐子破摔；有的青少年则如皮球一样，从哪儿跌倒就从哪儿爬起来，执著地朝着目标继续前进。

英国作家萨克雷在《名利场》中写道："生活好比一面镜子，你对它笑，它也对你笑；你对它哭，它也对你哭。"生活中的挫折又何尝不是如此呢？做一个健康的人，就应当学习皮球精神，笑对挫折，感激挫折。

要明白，挫折是成长过程的必修课，也是人生的必经之路。大海没有礁石，激不起浪花；人生没有挫折，难以成熟和自强。

在漫漫的人生路上，总会遇到这样那样的挫折，总会有马失前蹄的时候，须知智者千虑，必有一失。天有不测风云，人有旦夕祸福。成长与挫折其实就是结下了不解之缘的，你想回避，也回避不了。

把挫折当成成长路上的调味品

提高对挫折的适应能力，战胜挫折是每一位青少年生存和发展的需要。孟子说过："天将降大任于斯人也，必先苦其心志，劳其筋骨，饿其体肤，空乏其身。"由此可见，遇到挫折也是在人生中难得的良缘。表明你有非常人的命运，把你作为有成就的人物来磨练，来考验。实际上，这正是你成功的前提，也是你人生过程中最好的老师。

经得起挫折才是成功之宝，世间的万物皆为中性，关键在于你如何去认识，去转化和利用。表面看来，挫折打破了原先的人生设想，改变你的正常生活。在外人看来，你遭受到不幸，自己也会感觉时运不济，感受到命运的打击。但换一种心情去想，另一种角度去看，又会是另一番景致。

自古雄才多磨难，从来纨绔少伟男。如果爱迪生在数百次电灯试验的失败挫折中失去信心，我们现在有可能还在秉烛过夜；如果革命先烈没有"自信人生二百年，会当击水三千里"的革命勇气，在中国革命所遭遇的挫折面前退却，中国的革命至今还有可能在漫漫黑夜中摸索。

在人生的路上摔跤的，并不仅仅只有青少年，那些将生命的火焰燃烧得最盛的人，也同样有着自己的挫折与艰辛，挫折在他们身上，反而成为了成功的养分。生活总是会给人罩上阴影，那些能够走出阴影的人，最终都成了伟人。

清代学者李调元年轻时到北京参加科举考试，结果不幸落榜。但他并未灰心，反而立志继续发愤苦读。当时，他还写了一首诗自勉："世上怜才休恨少，平生失学本来多。天公有意君知否，大器先须小折磨。"他经过艰苦奋斗，专心苦读，过了几年终于高中"榜眼"（即殿试一甲第二名）。后来，李调元成为一代令人称颂的大学者。从某种意义上说，修好人生这一必修课——挫折，就是一笔可贵的人生财富。如果在挫折面前低头、失去信心，面临的可能会是再一次的挫折失败。

在人生前进的道路中，挫折可以说到处可见。有一位作家曾说过，顺利是偶然的，挫折才是人生的常态。所以朋友应正视生活中各式各样的挫折，把挫折当作是成长路上的一堂必修课，运用自己的智慧、勇气和力量去与之抗争，去经历它，感受它，咀嚼它。当你成功应对了一个又一个的挫折时，回头看看这一堂又一堂的人生必修课，或许你还要感谢曾困扰过自己的挫折呢。

漫漫人生之路上，"逆境是常态，顺利是意外"。挫折与人如影相随，所以世人才有"人生不如意事十之八九"的感叹。挫折犹如生活中的绿叶，心甘情愿地衬托出成功的红花妖艳夺目，撩人心魄。正是由于经历过挫折与失败的洗礼，青少年才能拥有"宠辱不惊，看庭前花开花落；去留无意，望天上云卷云舒"的平和心态。感谢挫折，它让你在磨难中领悟到酸甜苦辣的多味人生体验。

爱因斯坦说过："我要反复思考好几个月，虽然有 99 次结论是错误的，但是第 100 次我找到了正确的答案。"爱迪生对失败或挫折的看法是"失败也是我所需要的，它与成功一样对我具有价值"。因为他把挫折当成人们成长路上的铺路石，于是就踏着由挫折铺就的台阶，一步一步地走向了成功的巅峰。

人生的过程，有挫折才会有精彩，有挫折才会更坚强，有挫折才会发现生活是这么美好，世界是这么可爱，青春之路是那么地难忘。

青少年朋友，在遇到挫折时，千万不要悲观，要用打不倒的精神去征服它，把它当成人生道路中的一堂必修课，上好这堂必修课。在挫折面前，把眼光放在生活的主流上，看到自己曾经取得的成绩，不回避挫折，争取以优异的成绩回击它，从中品咂出苦中的甘甜，反思出苦中的真谛。

修好挫折这堂人生必修课，人生的价值会展示出独特的风采，使人释放出超越自我的潜能，孕育出理想的果实，正如歌中所唱的那样，"不经历风雨，怎能见彩虹"。

4. 把挫折当成垫脚石

人生由无数的升腾与失落交织而成，正如一座石拱桥，这边是上坡，那边必然是下坡，悠远而平凡……

当今这个竞争激烈的社会中，在主客观因素的作用下，遭受挫折在所难免。步入情感误区，感情不如意，无法得到上司的认可，工作不顺心……要正确认识挫折，挫折不等于失败，它只是我们前进道路上的绊脚石。为了少受挫折，青少年应明确定位自己，在充分评估自己综合能力的基础上，为自己制定切实的目标。要通盘考虑，估计到在迈向成功的过程中所可能经历的种种挫折。

面对挫折，除具备基本的能力之外，重要的是自身心理素质与承受能力。青少年要客观面对现实，经受挫折与失败的考验，增强心理承受能力与面对挫折的容忍力，把挫折当成垫脚石，从而奋起拼搏以取得成功。

没有挫折的成长历程是不完整的

一天，农夫的一头驴掉进一口枯井里，农夫绞尽脑汁想救出驴，但几个小时过去了，驴子还在井里痛苦地哀嚎着。

最后，这位农夫决定放弃，他想这头驴子年纪大了，不值得大费周折去把它救出来，不过无论如何，这口井还是得填起来。于是农夫便请来左邻右舍帮忙一起将井中的驴埋了，以免除它的痛苦。农夫的邻居们人手一把铲子，开始将泥土铲进枯井中……

当这头驴子了解到自己的处境时，刚开始哭得很凄惨。但出人意料的是，一会儿之后这头驴子就安静下来了。农夫好奇地探头往井底一看，出现在眼前的景象令他大吃一惊：

当铲进井里的泥土落在驴子的背部时，驴子的反应令人称奇——它将泥土抖落在一旁，然后站到铲进的泥土堆上面。就这样，驴子将大家铲倒在它身上的泥土全数抖落在井底，然后再站上去。很快地，这只驴子便得意地上升到井口，然后在众人惊讶的表情中快步地跑开了！

在人生的旅途中，有时我们会像驴子那样陷入"枯井"中，会有各式各样的"泥沙"倾倒在我们身上，而想要从这些"枯井"脱困的秘诀就是：将"泥沙"抖落掉，然后站上去！

事实上，在生活中所遭遇的种种困难挫折就是加诸在青少年身上的"泥沙"。然而，换个角度看，它们也是一块块的垫脚石，只要我们锲而不舍地将它们抖落掉，然后站上去，即使是掉落到最深的井，也可安然脱困。

取得成功是每一个青少年所追求的人生目标，然而成功和挫折却像大自然的白天和黑夜、晴天和雨天一样，都是生命的组成部分。正是成功和挫折的相互作用和交替出现，才使人生变得丰富多彩，有滋有味。如果人生只有挫折或者只有成功，生命就会显得苍白无力。事实上，没有挫折的人生是充满幻想的，要知道，没有挫折的人生是不完整的人生。

一个人处在挫折中，就像在夏日曝晒一天后进入夜晚一样，心里有一种异常的感觉：仰望星空，凉风吹来，思绪万千。在这种特别的心境里，我们会清醒地认识到自己到底应该干什么，适合干什么，在我们的心底涌起智慧的能量，走向成功的辉煌。

1832 年，林肯失业了，他很伤心，于是他下定决心要当政治家，当州议员。但糟糕的是，他竞选失败了。在一年里遭受两次打击，这对他来说无疑是莫大的痛苦。

接着，林肯着手自己开办企业，可一年不到，这家企业又倒闭了。在以后的 17 年间，他不得不为偿还企业倒闭时所欠的债务而到处奔波，历经磨难。

随后，林肯再一次决定参加竞选州议员，这次他成功了。他内心萌发了一丝希望。认为自己的生活有了转机："可能我可以成功了!"

1835 年，他订婚了。但离结婚还差几个月的时候，未婚妻不幸去世。这对他精神上的打击实在太大了，他心力交瘁，数月卧床不起。1836 年，他得了精神衰弱症。

1838 年，林肯觉得身体良好，于是决定竞选州议会议长，可他失败了。1843 年，他又参加竞选美国国会议员，这次仍然没有成功。

虽然林肯一次次地尝试，但却又一次次地遭受失败：企业倒闭，情人去世，竞选败北。如果换作是你碰到了这一切，你会不会放弃——放弃这些对你来说是重要的事情?

林肯具有执著的性格，他没有放弃，也没有说"要是失败会怎样"? 1846 年，他又一次参加竞选国会议员，最后终于当选了。

两年任期很快过去了，他决定要争取连任。他认为自己作为国会议员表现是出色的，相信选民会继续选举他。但结果很遗憾，他落选了。

因为这次竞选他赔了一大笔钱，林肯申请当本州岛的土地官员。但州政府却把他的申请退了回来，上面指出："做本州岛的土地官员要求有卓越的才能和超常的智力，你的申请未能满足这些要求。"

又是接连两次失败。在这种情况下你会坚持继续努力吗? 你会不会说"我失败了"?

然而，林肯没有服输。1854 年，他竞选参议员，但失败了；两年后他竞选美国副总统提名，结果被对手击败；又过了两年，他再一次竞选参议员，还是失败了。

林肯一直没有放弃自己的追求，他一直在做自己生活的主宰。1860 年，他当选为美国总统。

青少年朋友，你们知道吗？生活中的每个人都企盼着前途是一马平川，但在安逸舒适的环境下成长起来的孩子，有多少能经历生活中的风风雨雨呢？温室虽好，但里面的花朵是禁不起雨打风吹的，世间纨绔子弟又有多少成为了社会的栋梁之才呢？挫折是一个宝贝，是一块试金石，只有经历过挫折的人，才能勇敢地站在时代的潮头，才能勇敢的面对艰难险阻，才能在激烈的竞争中获得优胜。

挫折是一块试金石

如果为成长的过程画一条曲线，成功和挫折就是那起起伏伏的每一个点。挫折是成功的垫脚石，每个人的任何一种真正的成功，都是踏着挫折一步步抵达和创造的。没有挫折，也就不会有成功。

巴尔扎克说："挫折对于有志者来说是一块垫脚石，对于弱者来说是一个万丈深渊。"挫折能造就强者，也能吞噬弱者。所以，逆境不一定让每一个人都走向成功，成为强者。但没有逆境，你终不可成为真正的强者。

契诃夫说："挫折对于人来说，是一把打向坯料的铁锤，打掉的应是脆弱的铁屑，锻成的将是锋利的钢刀。"生活的挫折，让人的知识得到拓展，为一个人的未来留下深厚的储备。文王拘而演《周易》，左丘写《国语》，欧阳修写《醉翁亭记》，苏东坡写出气势恢弘的《念奴娇·赤壁怀古》，曹雪芹写出流芳千古的杰作《红楼梦》，都是遭遇人生重大挫折后写出的作品。强者在挫折面前既不抱怨命运不公，不会消极、颓废、一蹶不振，也不会听天由命、看破红尘，而是把挫折当成垫脚石，从而获得新知，完善自己，充实自己，弥补自己，找准消除挫折的突破口，纠正偏差。学会自我宽慰，心怀坦荡，情绪乐观，充满自信，发愤图强，坚忍不拔，笑傲人生，勇敢地面对现实与挑战，尽快走出挫折的阴影，寻找新的起点，早日达到理想的彼岸。

一个理智的青少年不仅不会被挫折吓倒，而且也不会把挫折当作不存在。如果某位青少年被挫折吓倒，从此以后再不敢行动，不敢冒半点风险，那他的一生可能会四平八稳，也将会碌碌无为；如果把经受的挫折不当回事，不认真总结，吸取教训，粗心大意，那么挫折后面的将还会是挫折。

在遇到挫折时不要奢求什么，更不要在意别人的冷眼和嘲笑。而对别人一抹关切的目光，一句温暖的问候，也要心存感激。善待挫折，在挫折中磨砺意志，从痛定思痛到卧薪尝胆，从挫折中吸取宝贵经验，从挫折中寻找和发现成功的智慧，奋发进取，那么挫折就将成为通向成功台阶上的垫脚石。

5. 坦然面对挫折的技巧

在青春的道路上，总会遇到各种各样的挫折，无论你怎样对待它，它都不会因你而减少一分一粒。因此，与其无休止的痛苦，还不如坦然地去面对。这一点对于青少年而言更是如此。

"天空不留下鸟的痕迹，但我已飞过"，这不是对坦然做出的最好的诠释？是的，许多事的成败得失是青少年不可预料的，但只需尽力去做，求得一份付出之后的坦然和快乐。挫折对于许多青少年来说，总是让人捉摸不透，防不胜防，往往是想走近，人家却早已设下屏障。这时不必计较，唯一能做的是，在我们必须面对他们的时候，奉上我们的真心，然后发觉自己的博大。许多选择如果能让青春期的你抓住的话，就有可能抵达成功的彼岸，但事实并非如此，青少年总是一次又一次地失去机会。没有关系，那只是命运剥夺了活的高贵的权利，却没有剥夺他们活着的伟大权利。

当挫折和困难来袭时

坦然是一种失意后的乐观；坦然是一种沮丧时的调适；坦然是一种平淡中的自信。

宋代诗人苏轼，因"乌台诗案"被贬为黄册团练副使，但他却没对生活失去信心，失去乐趣。被贬之后，他游山玩水，尽情享受着接近自然的生活。虽有"寄蜉蝣于天地，渺沧海之一粟。哀吾生之须臾，羡长江之无穷。挟飞仙以遨游，抱明月以长终"，他也知"不可乎骤得"，于是他就"托遗响于悲风"，仍在赤壁之下"举酒属客，诵明月之诗，歌窈窕之章"。欣赏着"月出于东山之上，徘徊于斗牛之间。白露横江，水光接天。"他把自己遭遇的挫折全都抛在脑后，享受着自己想着的事。敢直面挫折，化解痛苦，这是苏轼生活如此快乐的根本。

与他有着相似命运的李煜则大不一样，他可不是可敬的斗士，甚至不及乐不思蜀的阿斗，多少有几许潇洒。"问君能有几多愁"——痛苦的涟漪无限扩张，终于招徕了杀身之祸。

由此可以看出，当年轻的你遭遇挫折时，应该坦然地面对挫折，而不是一味地放大痛苦让你越陷越深，最后不能自拔，荒废人生。

生活道路漫长，挫折随处可遇，在每一个青少年的身边常见到有的人成功了便欣喜若狂，遇到困难则悲观失望。实际上，人的一生要经历许多事情，失意与挫折只是其中很小的一部分，不是有这样一句歌词吗："要生存，先把泪擦干；走过去，前面是个天。"

一个人在成年后突然瞎了眼，他绝望了，直至碰到另一个瞎子，他对他说："哦，你知道，你可以从洗自己的袜子开始。"于是，他摆脱了绝望……

很多青少年曾陷于极度迷惘的困境中，可一旦摆脱了它，却得到了意想不到的欢乐和力量：保护你的热情，不管它是多么脆弱！

挫折因坦然而美丽

有一个人到医院去检查身体，医生告诉他得了癌症，只能再活三个月。他很沮丧，就推掉一切应酬。静静的待在家里才发觉：家里原来这么温暖。于是他走向野外，仔细领略阳光，细观溪流。世界真的很美！他度过了生命中最快乐最充实的三个月……

大自然的消长在冥冥中都注定了，人生有何需事事强求呢？坦然面对挫折，你会觉得一切都是美好的。

有一对夫妻因遭遇生活和经济压力，陷入了难以摆脱的困境，他们觉得痛苦不堪，于是，商议一起自杀。

当他们正准备把头伸进挂在屋梁上的绳圈时，突然响起了敲门声，只好停止自杀的动作去开门，原来是多年不见来自远方的好友，只好接待……夫妻俩和好友促膝长谈：回忆快乐的往事，忧伤的历程，直至深夜，连自杀的事也给忘却了。第二天，夫妻俩面面相觑，看到屋梁上的绳，想起了昨夜自杀的事。妻子对丈夫说："我在想，只要我们以寻死的心活下去，也许可以渡过难关。"丈夫也说："这正是我想说的话。"

面对生命的巨大挫折，往往是一念之差。"以寻死的心活着"禅语即是"大死一番""悬崖撒手"这种决然的心情，往往能冲破牢关，创造出新的生命境界！

面对挫折，青少年应该坦然相对。成功固然可喜可贺，但挫折同样可以磨砺意志，让你振作精神，奋发图强。诚如国务委员陈至立所言："人生中有顺利、成功、幸福的日子，也总有曲折、失败、痛苦的时候。成功和幸福自然是每个人都渴望获得的东西，但曲折和磨难却是人生另一种宝贵的财富。顺利成功时不沾沾自喜，忘乎所以；遇到曲折不消极悲观，怨天尤人。以平和的心态对待人生和世界，不大喜大悲，大起大落。"

一个故事，总要留点遗憾才有令人感动的美丽；一种结局，常需存有惋惜方显言尽意无穷之意；一个人，往往在经受住挫折和磨难后才会变得更加成熟。

挫折使人思索，逼人明智，使人练达；挫折可以使人懂得生命之不易，从而对每一分收获都弥足珍贵。正如古人所说，要成就一番大事，必先苦其心志，劳其筋骨，饿其体肤，空乏其身，行弗乱其所为。

挫折纵然无情，却给人无尽的砥砺；失败固然残忍，却使人趋于顽强。当乌云压顶时，首先应该想到的是乌云过后将是一个丽日蓝天的新世界，不管生活赐给我们的是成功还是失败，是痛苦还是欢乐，我们都要伸出双手去迎接它，而不是选择逃避和退缩。

坦然面对挫折，可以振奋每一个青少年的精神。人的成长过程犹如登山，挫折好比通向山巅的必由之路，如果害怕它，就永远不能到达光辉的顶点，只能在山脚下徘徊空转。

不经历风雨怎么见彩虹，没有人能随随便便成功。青少年朋友们，坦然面对一切困难和挫折吧！走过去，前面是一片蔚蓝的天。只要你能坦然面对，你会发现，战胜挫折后，我们自身就是一道亮丽的风景线！

6. 挫折孕育着辉煌

人的一生有许多挫折、逆境和困难，更何况是正处于青春期的青少年呢？但需要注意的是，挫折一次，对生活的认识才会更全面一点；失败一次，对人生的醒悟会提高一层；不幸一次，对快乐的内涵体会的更为深刻。所以，青少年朋友们，不妨给悲伤一个理由，给享乐一种说法，给绝境一个出口，给幻想一点空间。理想的花，孕育的越多，绽放时，才惹我们泪下沾襟。

经历挫折会更辉煌

著名思想家波普说过："并非每一个灾难都是祸；早临的逆境常是幸福。经过克服的困难不但给了我们教训，并且对我们未来的奋斗有所激励。"

山里住着一位以砍柴为生的樵夫，在他不断地辛苦建造下，终于盖起了一间可以遮风挡雨的屋子。有一天，他挑了砍好的木柴到城里交货，但当他黄昏回家时，却发现他的房子起火了。

左邻右舍都前来帮忙救火，只是因为傍晚的风势过于强大，所以没有办法将火扑灭，一群人只能静待一旁，眼睁睁地看着炽烈的火焰吞噬了整栋木屋。

大火终于灭了，只见这位樵夫手里拿了一根棍子，跑进倒塌的屋里不断地翻找着。围观的邻人以为他是在翻找藏在屋里的珍贵宝物，所以也都好奇地在一旁注视着他的举动。

过了半晌，樵夫终于兴奋地叫着："我找到了！我找到了！"

邻人纷纷向前一探究竟，才发现樵夫手里拎着的是一柄柴刀，根本不是什么值钱的宝物。

樵夫兴奋地将木棒嵌进柴刀把里，充满自信地说："只要有这柄柴刀，我就可以再建造一个更坚固耐用的家。"一无所有的樵夫并没有因此而坠入生命洼谷一蹶不振，而是如他自己所言，用那柄柴刀为自己重建了一个更加美好的家园。这不就是属于他的成功吗？

自古以来，大多成功者并不是从来没有被困难击过，而是在被击倒后，还能够积极地往成功之路不断迈进。

我国古代黄河部落杰出首领舜，最初只是一农夫，三十岁时，才被尧起用。发明家爱迪生家境贫苦，只上了三个月的学。但他刻苦钻研，为人类作出了巨大贡献。物理学家居里夫妇为了提炼镭，在"共和国不要学者的"豪华巴黎，只能在一个没人要的小木棚里，坚忍不拔的工作了四年。世界著名球王贝利，开始踢球时，人家骂他"黑货色搞不出什么名堂。"可他毫不气馁，刻苦训练。即使走在街上，也要边走边踢一只用烂布做成的球。

这些人能够变逆境为顺境，并走向成功，是因为他们有着坚强的意志，而脆弱的人面对逆境，则会一蹶不振，甚至有轻生的念头，因而无法重新站起来。所以，"逆境出人才"也是建立在面对逆境，努力拼搏的基础上。

人生总不是一帆风顺的，各种各样的挫折都会不期而遇。幸运和厄运，各有令人难忘之处，不管现在的青少年得到了什么，都不必为了它而张狂或沉沦。

俗话说："天无绝人之路"，虽然生活会给我们带来各种各样的问题，但同时上天还会赐予我们解决问题的能力。

因此，新一代的青年不必乞求每天都是阳光明媚，暖风习习。因为随时随地都可能会有狂风大作，乱石横飞。无论是哪块石头砸到了你，你都应有迎接厄运的气度和胸怀，在打击和挫折面前做个坚强的勇者，跌倒了再重新爬起来，将自己重新整理，以勇者的姿态迎接命运的挑战。

奇迹多是从逆境中诞生

培根说过："奇迹多是从逆境中出现的。"法国画家约翰·法郎索亚·米勒，年轻时的作品一幅也卖不出去，他陷在了贫穷与绝望的深渊里。后来，他迁居乡间。虽然他仍然未能摆脱贫困的厄运，但是他并没有停止作画，从此他的画更多表达美丽的大自然和淳朴的农民。其中《播种》、《拾落穗》等作品，还成为美术画廊上的不朽之作。如果他没有那种不怕不弃、奋勇前进的精神，是永远都不会诞生出不朽之作的。

由此可以看出，无论处在如何痛苦的环境中，只要顽强不屈，勇往直前，那么必然会创造出辉煌的人生！

在逆境里成长，品尝青春路上的"苦涩"咖啡，让现代青少年多了一份勇敢，少了一丝畏惧；逆境里生存，学会发奋努力，学会忘记安逸；逆境里拼搏，多了一份对顺境的渴望，学会对顺境的珍惜。逆境让他们把努力向上当作一种信仰，青少年的潜力得到最大的发挥，生命的宽度得到延长。

法国大作家大仲马曾在名作《黑郁金香》中写道："最值得骄傲的树苗是从平常的树枝上嫁接出来的，巨大芬芳的玫瑰是从素淡的四瓣蔷薇上开始的。"是的，不管在怎样恶劣的环境里，只要有一棵顽强而坚韧的种子，它就必将发芽、开花！

然而，在现实生活中，总有一些人只会羡慕伟人炫目的光彩，却不能理解他们生命中所经历的挫折，更不能看到伟人背后累累的伤痕，当然就不明白这美丽的光环正是由血泪凝聚而成的。所以，才会有人感叹生不逢时，才会有人哀呼天有绝人之心，才会有人摒弃凌云斗志，郁郁潦倒。生命给他们的机会，他们轻易放过，最终不能成就生命的辉煌，只能在挫折中销声匿迹了。

凄凄芳划生于野火的侵淫，雏鹰在暴风雨中飞翔，"蛟龙须待春雷吼，雕鹗腾飞万里游"，而坚韧的个性需要在失意的漫游中锤炼和涤荡。

平静的水面，练不出精悍的水手；安逸的环境造不出时代的伟人；胜利的鲜花从来就是在血汗中绽放；荣誉的桂冠总是在斗争中用荆棘编织。所以青少年朋友，请张开怀抱迎接挫折吧，不仅因为世间万物经受挫折后，往往会被锤炼得越真越纯，还因为在挫折中更能显示出你的本色，更因为挫折孕育着辉煌！

7. 在绝望中寻找希望

俞敏洪曾经说过："在绝望中寻找希望。"这是致青少年学子的五句话之一。其寓意就是抛开曾经的荣辱得失，每个人都将在浓黑的悲凉与赤红的酷热中做出暂时性的人生定位。转过头告别那恋恋不舍的青春园地，远处是高山，是密林，有风雨，也有荆棘。踏过青青草地，青少年的人生才刚刚开始！

百年人生无坦途，处处风波处处愁

有两只青蛙在觅食的时候，不小心掉进了路边的一个牛奶罐里，牛奶罐里还有为数不多的牛奶，但是足以让青蛙们体验到灭顶之灾。

一只青蛙想："完了，完了，全完了，这么高的一只牛奶罐，我怕是永远都出不去了。"于是，它很快就沉了下去。

另一只青蛙在看见同伴沉没于牛奶的时候，它却没有沮丧和放弃，而是不断告诫自己：上帝给了我坚强的意志和发达的肌肉，我一定能够跳出去。于是，它鼓起勇气，鼓足力量，不停地在牛奶里游动，并一次又一次奋起跳跃……生命的力量和美好展现在它每一次的搏击与奋斗里。

不知过了多久，这只青蛙突然发现脚下的牛奶变得黏稠了，原来，由于它不停地游动和反复地跳跃使液状的牛奶渐渐变成了奶酪。这个发现让青蛙兴奋不已，虽然此时它已经筋疲力尽了，但它还是坚持不停地继续游动、跳跃……

牛奶终于变成了一块奶酪，第二只青蛙用自己坚持不懈的奋斗和挣扎终于换来了自由的那一刻。它踩着坚实的奶酪从牛奶罐里跳了出来，重新回到绿色的池塘里。而另一只青蛙则永远留在了那块奶酪里。

这个故事告诉青少年一个道理：一个人在遇到困难的时候，要具有坚强的品格和坚韧不拔的精神，不要轻易绝望和放弃，只有这样才能够跨越生命的坎坷。

其实，希望和绝望都不是绝对的，人内心深处强烈的希望往往又是建立在无比的绝望中的。

所谓"百年人生无坦途，处处风波处处愁"。当在漫漫人生路上遇到了挫折、烦恼，失去了鲜花、掌声时，青少年是不是会选择绝望呢？也许绝大部分的青少年都会选择这条错误的道路，最后走向一条绝路——死亡。不少的青少年在面对失败时选择了绝望。在他们绝望时，却不知绝望后紧跟着希望。

在战争中，一位将军被俘虏了，被关在一间单人囚室里。

那段时间阴雨绵绵，望着迷蒙的天空，他不禁想起远方的亲人，可眼下却被关在囚室，一筹莫展，不知道敌人将会如何处置他，不知道还有没有机会见到自己的妻子和孩子，不知道还能不能重整旗鼓、东山再起。

想着想着，他被一股绝望的情绪控制了——与其这样含垢忍辱的活着，不如一头撞死在墙上痛快啊。

他拼着所有的力气，一头向墙上撞去。

就在他的头和墙碰撞的那一刹那，奇迹出现了，牢墙被他撞出了一个洞！

原来连日来的阴雨把牢墙泡软了，软得经不起他这么一撞，将军用手在这个洞周围使劲地挖，最后把这个洞挖成了一个大洞。

结果，将军顺利地逃脱了。

人是生活在绝望中的，人又是生活在希望中的，人生本身就是一种希望。没有人能准确无误地说出活在世上的意义究竟是什么，没有人是一生下来就打算放弃生命的，正是因为我们年轻，因为年轻就是资本。另外就是因为我们好学，好学就有知识，就有希望。有了希望，青少年才在生活中淡化了绝望甚至彻彻底底地把它忘记了。于是生命又有了欢声笑语，不再有孤单寂寞的身影。

绝望是无处不在的，所以正在青春路上的青少年应明白，不能放弃任何有一线出路的希望。纵然一时失意、落魄、绝望，也不应该轻言放弃，因为世间本就是阳光四射的地方，尽管有时会有暂时的黑夜，也不应该让自己逃到一个灰暗的角落，使自己看不到任何光明的希望。其实，成败与否的关键，就是看这个人是否绝望！

寻找希望，勇敢地向明天走去

日本松下集团总裁松下幸之助曾经说过，人的一生，或多或少，总是难免有浮沉，不会永远如旭日东升，也不会永远痛苦潦倒。反复地一浮一沉，对于每一个人来说，正是一次次磨练。因此，浮在上面的，不必骄傲，沉在底下的，更用不着悲观。必须以率真、谦虚的态度，乐观进取，向前迈进。

事实上，即使是创造了丰功伟绩的人，也不敢说自己不曾失败过。正因为有过多次的失败，才会得到多种的经验；只有经过多次的教训之后，才能够成熟起来。如果不敢正视失败，就永远不会进步。要是在失败面前强调客观原因，抱怨他人，就只会使自己一再地处于失败和不幸的漩涡之中。

那么，你可以尝试着这样做：把先前所遇的挫折、失败全当过眼云烟，不必在意，也许下一步你会走得更舒坦、更轻松，何乐而不为呢？当挫折临近时，既能自如地展望前方，也不要绝望，要学会在绝望中寻找希望，那么成功定会接踵而至。

李·艾柯卡曾是美国福特汽车公司的总经理，后来又成为了克莱斯勒汽车公司的总经理。作为一个聪明人，他的座右铭是："奋力向前。即使时运不济，也永不绝望，哪怕天崩地裂。"他 1985 年发表的自传，成为非小说类书籍中有史以来最畅销的书，印数高达 150 万册。

艾柯卡不仅有成功的欢乐，也有挫折的懊丧。他的一生，用他自己的话来说，叫做"苦乐参半。" 1946 年 8 月，21 岁的艾柯卡到福特汽车公司当了一名见习工程师。但他并不喜欢和机器作伴，对做技术性工作根本不感兴趣。他喜欢和人打交道，想搞经销。

艾柯卡靠自己的奋斗，由一名普通的见习工程师，终于当上了福特公司的总经理。但是，1978 年 7 月 13 日，妒火中烧的大老板亨利·福特把他开除了。当了 8 年的总经理、在福特工作已 32 年、一帆风顺、从来没有在别的地方工作过的艾柯卡，突然间失业了。昨天他还是英雄，今天却好像成了麻风病患者，人人都远远避开他，过去公司里的所有朋友都抛弃了他，这是他生命中最大的打击。"艰苦的日子一旦来临，除了做个深呼吸，咬紧牙关尽其所能外，实在也别无选择。"艾柯卡是这么说的，最后也是这么做的。他没有倒下去。他接受了一个新的挑战：应聘到濒临破产的克莱斯勒汽车公司出任总经理。

艾柯卡，这位在世界第二大汽车公司当了 8 年总经理的事业上的强者，凭着自己的智慧、胆识和魄力，大刀阔斧地对企业进行了整顿、改革，并向政府求援，舌战国会议员，取得了巨额贷款，重振企业雄风。1983 年 8 月 15 日，艾柯卡把面额高达 8 亿 1348 万多美元的支票，交给银行代表手里。至此，克莱斯勒还清了所有债务。而恰恰是 5 年前的这一天，亨利·福特开除了他。

由此可见，一个人不可能总是一帆风顺的。在时运不济时不要绝望，试着去寻找希望。要明白，世界上没有永远绝望的事情，只有永远绝望的人。当你遇到绝望的时候，不要把自己看成一个绝望的人，而是要成为一个为希望而奔波，勇敢向明天走去的优秀青少年。

前方是绝路，希望在转角。实在不行，就转个弯，一切又会是阳光遍地、充满希望的，只要大家都坚信，前方的光明大道正向你展开。

青少年是追梦的年代，是幻想占据一切的时代，同时也总是在希望和绝望之间徘徊，这也许是绝大多数青少年经常出现的心态。就像蘑菇都喜欢与潮湿为邻一样，希望也偏爱与绝望为伴。所以，当绝望光顾你时，不要心存恐惧与忧虑，还是把它当成你的邻居一样善待吧，要知道黑夜的邻居是白昼，绝望的隔壁是希望！

8. 身处逆境学会抉择

每一位青少年都希望自己的青春之路是完美而精彩的，但一个完整的青春之路就意味着成功和逆境并存。尤其是逆境，你也无法预料它们什么时候会出现。人类社会就是在与种种逆境的斗争中诞生和发展起来的，似乎是因为上帝创造人类的目的之一就是让他们承受诸多的苦难，所以人生注定有无数的艰辛相伴。

当你面对逆境的时候，你的选择是最关键的。

逆境中，你会选择？

一个女孩在父亲的面前抱怨自己的生活，抱怨事事都那么艰难。她不知该如何应付生活，想要自暴自弃了。她对抗争和奋斗已经厌倦了，好像一个问题刚解决，又出现了一个新的问题。这个女孩的父亲是一位厨师，他把她带进厨房。他先往三只锅里倒入一些水，然后把它们放在旺火上烧。不久，锅里的水烧开了。他把胡萝卜放进一个锅里，第二只锅里放只鸡蛋，最后一只锅里放入碾成粉末状的咖啡豆。他将它们侵入开水中煮，中间没有停下来说一句话。

女儿看着父亲的举动，不耐烦地等待着，纳闷父亲在做什么。大约20分钟后，他把火闭了，把鸡蛋捞出来放入另一个碗内，把胡萝卜捞出来放入一个碗内，然后又把咖啡舀到一个杯子里。把这些事情做完后，他才转过身问女儿，"孩子，你看见什么了？"这个女孩回答道："胡萝卜、鸡蛋、咖啡。"

父亲让她走近一些摸摸那些胡萝卜，她摸了摸，注意到它们变软了。父亲又让女儿拿一只鸡蛋并打破它。把蛋壳剥掉，她看到了是只煮熟的鸡蛋。最后，女孩又去喝了咖啡，品尝到香浓的咖啡，女儿笑了。她怯生生问道："父亲，这三样东西中意味着什么呢？"

父亲解释说这三样东西面临同样的逆境——煮沸的开水，但其反应各不相同。胡萝卜入锅之前是强壮的，结实的，毫不示弱的，但一旦见了开水，它变软了，变弱了。原来鸡蛋是很容易碎的，它薄薄的外壳保护着它呈液体的内脏，但是经开水一煮，它的内脏变硬了。而粉状咖啡豆则很独特，进入沸水之后，这些咖啡粉却把水改变了。"哪个是你呢？"他问女儿。"当逆境找上门来时，你该如何反应？你是做鸡蛋、胡萝卜、还是咖啡豆呢？"

人生不如意事十有八九，前进的路没有一帆风顺的，而一个人在逆境时的表现往往决定了个体的人生走向。那么，面对逆境，你会如何选择？

放弃、忍耐

走在青春的路上不可能是一帆风顺的，面对逆境，有些青少年意志不坚定，选择放弃追求；有些人则是继续忍耐，无论环境多么恶劣，都不要把自己的梦想放弃。如果面临抉择的人是你，你会选择什么呢？

欺骗、挑战

生活中不如意的事十有八九都会发生，面对逆境，有的青少年不肯面对现实，只是用无谓的欺骗来麻醉自己，日渐堕落；有的青少年则能正视这些，挑战自己的潜力。

停滞、攀登

生活中不可能总是平坦大道，对大多数的青少年而言，逆境就像是人生道路上的一座大山，迟早是会现身的。很多人鼓起勇气征服它，但是到了半山腰却犹豫了：是停下来驻足等候呢，还是继续攀登？如果是你面临这样的抉择，你会怎么选择？

终止、期望的

生命中的不幸并没有人们想象的那么可怕，可怕的是丧失主宰命运的意志，当面对人生的低潮，懦夫选择了抛弃一切希望，把亲人和朋友的期待也放弃了，让自己生命的乐章过早地画上了休止符；而真正的强者哪怕只是孤军奋斗，也要坚持到最后一秒，因为他的心底仍然孕育着最后一丝期望——明天将会更美好。

同样都是逆境，不同的选择会给人带来不同的境遇。身处逆境的你，愿意选择哪一种呢？

相信很多青少年都会选择后面一种态度，那么，就请你振作起来，调整好心态，不要再用烦恼来折磨自己；只会对着自己的身影叹息的人，总是把自己背后的光明给忘记了；庸人自扰的后果只是给你的对手增加嘲笑你的资本。人生漫漫，何必带着沉重的辛酸上路？心中本应坦坦荡荡，何必在心底撒下忧伤和苦涩的种子？在最悲伤的时刻，不能把信念忘掉，即使在最沮丧的低点，也不能把心中的那份追求放弃。记住：瀑布之所以成为奇观，是因为它有绝处逢生的勇气；激流之所以壮美，是因为它有摧毁一切险阻的气概。无论逆境的高峰有多么险峻，都要有自己一定能把它征服的决心。

逆境背后写着成功

俗话说："金无足赤，人无完人。"有许多的青少年面临着来自社会、家庭、学校等多个方面的压力、挫折、失败与不幸。面对这些，有些青少年陷于叹惜，迷茫之中。其实，身处逆境，大可不必为之灰心丧气，要知道，逆境可以造就出更多的人才，只要自己肯努力，逆境中生存，成功一定是属于你的。

其实，挫折与不幸对每一个青少年来说都是一种财富，克服困难的过程就是自己使自己提高的过程。经受过挫折的少年比在优越条件中成长的人更具处变不惊的老练，在成功的路上，只说可能性，也会比其他的人高出很多。在春秋时期，越王勾践战败被吴国俘虏。在吴国，他受尽凌辱。被放回越国后，他为了报仇卧薪尝胆，立志图强，而吴王夫差，却整天沉迷于酒色之中，终于越王兴兵打败了吴王，这是一个处于逆境而最终取胜的典型例子。

如果身处于逆境，青少年不要怨天尤人，不要向命运认输，树立起必胜的信念，经过自己的努力，成功的大门一定会为你敞开，相信自己是一个成功者！

对待前进道路中的逆境，有的青少年努力奋争，百折不挠；有的青少年浅尝辄止，一番争取之后，偃旗息鼓；有的青少年一陷入困境，就心怀恐惧，绕着问题走不出来，不同的态度导致了不同的结局，或是缩手缩脚碌碌无为，或是到达理想的彼岸。

青春就如同浩瀚的大海一样，希望就是最好的舵手，面对逆境的暴风雨，不要被风浪吓倒，不要让航向偏折；没有浪花的冲击，大海也不会有活力，没有执著的拼搏，就少了挑战的乐趣；没有了挫折，人就是一个没有长大的孩子。

即使被成功拒绝了一千次，也要有一千零一次的挑战，总有一天，逆境会在你手中屈服。——相信自己的选择，没错的！

9. 失败是成长的机会

不要惧怕失败，真正的成功，经常是由一连串的失败而来。如果害怕失败，而不愿意去实验、去尝试，就不会成长。失败并不可怕，尽管它会给人带来懊丧、烦恼甚至痛苦。但是，它也像一块砺石，会磨砺人的意志，锻炼人的品格，鼓舞人的勇气，激发人的智慧，最终使人成就伟业。

对待失败的心态，是考验一个人的品格和意志的试金石。有位哲人说："任何成功的链条，都是由一个又一个失败的环节焊接而成的"。成功是一种结果，失败也是一种结果。两种结果都有正的一面，负的一面。青少年要正确的看待失败，要允许自己失败。不要把失败看得那么灰暗，从另一方面来说，多数经验不正是从失败中来的吗？

没有失败，就没有成功

"不经历风雨，怎么见彩虹，没有人能随随便便成功"。成功的代价是经历无数的失败，失败过后，只要我们永不放弃，最终会见到美丽的彩虹。纵观中华上下五千年历史，失败的例子不胜枚举。几乎每一个人做每一件事，都可能失败，如果害怕失败，那么只能什么也不干。只有不怕失败，才能取得事业的成功。大凡是有所成就的人，都经历过失败的洗礼。大家都知道的伟大的科学家居里夫妇，她在提取新元素的实验中，虽然一次又一次地失败，可他们却毫不气馁，信心十足，不断总结，坚持试验。他们终于成功了，发现了镭。

人的一生，难免会遇到失败，没有经历过失败的人生不是完整的人生。没有河床的冲击，便没有钻石的璀璨；没有失败的考验，便没有不屈的人格。正因为有失败，才有勇士与懦夫之分。巴尔扎克说："挫折和不幸，是天才的进身之阶；信徒的洗礼之水；能人的无价之宝；弱者的无底深渊。"失败可以让一个人一蹶不振。正如易南所说的："错"的一半是"金"，"败"的一半是"贝"。错误或失败并不可怕，可怕的是不懂得"错里淘金"、"败中拾贝"。

一定意义上说，没有失败也就没有成功，遭遇一次挫败就灰心丧气，怨天尤人，不敢直面人生的人，从而也就无法了解失败这块"石头"的真正涵义——对于意志薄弱者，失败是一块难以逾越的绊脚石；对于勇于进取者，则成了一块成就事业的垫脚石。

任何一个人在紧要关头，都要养成一种临危不惧，不怕失败，顽强拼搏的精神。任何一个人都应该能在最艰难的时候，不灰心丧气，并能不断地在失败中认真总结教训，迎难而上，化耻辱为动力，从而增加成功的机会。作为一个新世纪的青少年更应该懂得这个道理。

从失败中吸取教训，努力拼搏

俾斯麦说："对于不屈不挠的人来说，没有失败这回事。"失败在意志薄弱者面前，犹如一道万丈深渊，会使他们一蹶不振；然而在强者面前，则会化为一股动力，使他们走向成功。如今的青少年们大多在优越的环境中成长，所以对于抵抗挫折的能力普遍降低，经不起稍微的挫折和困难。由于其性格及心理发展尚不完善、不稳定，青少年的情绪很容易受到波动。一旦遇到什么挫折和不幸，极易悲观失望、自暴自弃，有的甚至丢掉了自己年轻的生命。

在人生的旅途中，每个人都会有失败受击的那一刻，明智的人，正是在这一次次的挫败和一个个逆境中，逐渐变得坚强起来，成熟起来，从中获取了一次次胜利和成功。法国的伏尔泰说："人生布满了荆棘，唯一的办法就是从那些荆棘上迅速跨过。"其实失败也并不是什么大不了的事，只要你能从失败中得到教训，然后再去拼搏——再经历失败——再去拼搏——直到获得成功，这也是一条成功人士的必经之路。

失败与成功之间往往有一个艰难曲折的过程，有人把它比作桥梁，古今中外有不少人就是通过这座桥梁才走向成功的。纵观历史，那些出类拔萃的成功人士，之所以能够取得成功，都是由于他们能正确地对待失败，并从失败中总结出经验教训，从而踢开"失败"这块人生路上的绊脚石，踏上成功的大道。

考试失败了，静下来，好好思索缘由是何？也许因为这次没有准备完善，也许功夫下的还不够。只要肯努力，只要不灰心，总有一天，你会排在名次的最前端。所以，不要轻言失败，只要有一颗年轻自信的心，要相信明天的日子一定阳光灿烂！

海明威说过："人可以被毁灭，但绝不能被打倒。"承受挫折是青少年生活中必经之路，当代的青少年，不要仅仅因为一点点的挫败避而不前，要拿出勇气和耐心。主动出击，迎接挑战，直面挫折，笑对挫折，把挫折当作前进中的踏脚石，然后拥抱胜利。因为挫折是福，注定在我们的岁月中搏击风浪、经历考验，奠定更加坚固的基础，谱写出美好的人生之歌。

10. 在受伤中学会坚强

心理学认为，挫折是在有目的的活动中遇到无法克服的心理障碍或干扰所造成的，是因为自己所需要的没有得到而产生的消极心理。在生活中挫折是对勇气的最大考验，就是看一个人能否做到败而不馁。

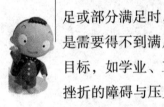

青少年时期有许许多多的幻想和目标，为将其变成现实，他们会付出种种努力甚至刻意的追求。当这种需求持续性地不能得到满足或部分满足时，他们的心理就会产生挫折感，所以挫折也可称为是需要得不到满足时的紧张情绪状态。如果挫折产生于较为重大的目标，如学业、工作、爱情等，这种挫折可称之为失败。如果这种挫折的障碍与压力持续时间长，影响范围广，将会使其处于一种不利身心发展的人生位置，则称为身处逆境。挫折、失败和逆境会给青少年带来紧张状态和失望、压抑、沮丧、忧郁、苦闷等紧张心理状态和情绪反应，心理学上称之为挫折感或挫折心理。

不经历风雨，如何坚强

英国哲学家培根曾说："超载自然的奇迹多是在对逆境的征服中出现的。"如果你是一株小树苗，经过阳光雨露必能长成一棵参天大树；如果你是一只雏鹰，经过不断的飞行训练必能在蓝天翱翔；如果你是一条小溪，只要奔流向前，你必能到达自己的目的地。我们在生活中总会遇到一些苦涩，在苦涩中青少年应该做的就是学会坚强。

春天的风雨总是像母亲的手那样温柔地滋润着万物，但最先蠢蠢欲动的总是小草，它们不管如何艰难都会坚强地从泥土里钻出来，为山野铺上一层绿色，充当着春的使者，是春天的风雨让小草如此坚强；夏天的风雨疯狂而肆虐，但饥渴的万物都在等待着夏雨的恩赐，同时屈服于夏天，然而，荷花却坚强地屹立在自己的那一片小水潭中，偶尔有雨滴落在它宽大的荷叶上，它却固执地抖一抖身子，把雨滴甩出很远，在风雨中，构成一幅"风荷举"的美景，是夏天的风雨让荷叶学会坚强；秋天的风雨冷漠而萧索，大树的叶子已经枯黄，在一阵秋风秋雨中，枯叶飘然而逝，安静地躺在那里，等待着腐烂，也等待着重生，去解释"落红不是无情物，化作春泥更护花"的情怀，是秋天的风雨教会落叶坚强；冬天的风雨肃杀而残忍，它们以自己的威力逼迫万物屈服，只有梅花敢于反抗冬天的暴政，扎根于雪地下，生长在寒风中，用曲折坚硬的枝干展示着自己的坚强，用红得夺目的鲜花诉说着自己的毅力，是冬天的风雨让梅花变得坚强。大千世界，万物的坚强都是在风雨中铸就的！

只有在风雨中，现代青少年才能够真正学会坚强。当你面对机遇时，才能像小草破土一样，意气风发，踌躇满志；当你面对世俗时，才能像荷花自洁一样，不为所动，高洁傲岸；当你面对失败时，才能像落叶归根一样，从容不迫，无私依旧；当你面对困难时，才能像梅花凌寒一样，无所畏惧，勇往直前。

时间万物恒如此，不经历风雨，如何学会坚强？当枯叶纷纷凋落，秋林显出了她的秀逸，却仍有几片顽强的叶儿像是点缀，迟迟不愿落下，夹杂着一份不在意世事繁华的孤傲，可最终逃不过地心的羁绊，缓缓地，不甘心地落下来，准备着来年的重生，不屈不挠。人生路上也必然风雨交加，就像叶儿，不经过秋风秋雨的洗礼，它怎么能坚强？漫漫旅途，谁能预测前路是鲜花丛生还是荆棘密布。若人生路上阴风阵阵，道路崎岖，除了坚强面对，否则你找不到自己的出路。

作为年轻的一代，在追赶梦想的路上有低谷也有暗礁，谁说失败了就再难抬头，在自由的海域里，没有了暗礁，才是最大的不完整。只有不断地经历失败，经历风雨，不徘徊不迷失，看到远处的绚烂彩虹，平静一些，坚强一些，光辉的人生将会写满灿烂。毕竟，你被搁浅的，不是泥沙也不是海湾，而是一颗不坚强的心，你不愿起航，怕没了方向，只好乱撞乱闯。其实，人生路上总会有太多风雨，也难免经历痛苦和挣扎，最重要的是你要保持一颗坚强的心！

风雨即挫折，挫折要坚强

人生在世，总是力求路途平坦，波澜不惊，期待前进的路上，即使没有莺歌燕舞，没有千娇百媚，最好也没有风雨，没有挫折。然而，万事岂能尽如人意，人生之路总是风雨交加，挫折不断，只有越挫越强才能活得有滋有味！

风雨即是挫折，它是人生的一笔财富，没有挫折的人生，永远学不会坚强，这从某种意义上来说是黯然失色的。毕竟，挫折会让你变得聪明而坚强，成熟而完美。于是乎，你要勇敢地面对挫折。

然而，在现实生活中，某些人偏偏被狗咬过一次了，却又再次被狗咬了！当看到狗时，为了避免被狗咬，有人采取大呼小叫、拔腿逃跑的办法，结果适得其反，助长了狗的嚣张气焰，再次被狗咬就在所难免。有人却只是弯了弯腰，装出从地上拾块砖头的样子，狗马上夹着尾巴溜之大吉了。这就好比遇到挫折后两种人不同的做法，有人一再逃避退缩，终究失败，而有的人却选择坚强面对，最终获得了意想不到的成功。

在人生路上，虽然一帆风顺的你可以借鉴别人的经验教训，但总觉得没有风雨挫折就会索然无味。作为青少年，一定要有一颗面对风雨依然坚强的心。对于高考落榜的学子，也应该从挫折中得到启发，振作起来，开始新一轮的搏击，你比别人多了一番挫折，经受了一番磨难，那么，一旦成功，你也必然比别人多一份喜悦。生活和学习都是不断经受风雨和挫折的过程，坚强的特质会让你更加努力和珍惜，在今后的路途中光芒四射！

生活总会有悲剧发生，它可以降临灾难带来苦痛。芸芸众生之中，有多少人日日对着自己的悲惨身世自怨自艾，有多少人被一个横祸砸得再也爬不起来。而繁华的大街上，总有很多懦弱的人蜷缩在社会的角落里乞求别人的施舍，他们不敢直面这个社会的冷漠无情。但既然存在于这个社会，就必须敢于正视这一份世态炎凉。风雨便是挫折，只要你握紧拳头，便能感到自己无懈可击的力量，感受到自己心中萌动的坚强。懦弱是人的外衣，坚强则来自于人的内心深处。人之初始，都会畏惧风雨，害怕挫折，害怕失败，可人却能爆发出无穷的能量，既然无法改变命运，那么，就选择坚强吧。

洪战辉的事迹在校园里广为传诵，他坚持认为"苦难的经历并不是我们博得别人同情的资本，奋斗才是最重要的"这一道理，虽然今天他看起来依然文弱，但却是精神上的强者。风雨并不可惧，可怕的是你看不到彩虹即将到来的希望，挫折并不可怕，可怕的是你不断地躺在原地抚弄伤口。

桑地亚哥说："人不是为失败而生的。"因此，我们一定要扼住命运的咽喉，只有坚强才让人有征服一切的勇气，不经历风雨，怎能见彩虹？没有狂风暴雨的历练，怎能造就出不弃的夜归人？没有炽热火红的熔炉，怎能练就出坚固的钢铁呢？

11. 勇敢是成长的强化剂

人要学会勇敢。敢做敢当，才是现在青少年所应该有的表现。

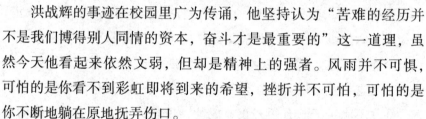

七八点钟的太阳，就应该生机勃勃，有一种初生牛犊不怕虎的精神。所以不论你经历了什么，在经历着什么，你总该明白，人生的路，总是要走下去的。只要我们没有了断自己的决心、要生存下去，我们就只能学会勇敢。拳击场上的拳击手，被重重的一拳击倒在地，很痛的感觉，也许他觉得自己真的起不来了，比赛能不能就此停止，能不能就这样休息？可是，他总是要站起来的，不论是在裁判数一还是数十之后，输与赢总是要站起来面对的。所以一定要学会勇敢。

学会勇敢，希望在前面

对于青少年来说，学会勇敢就很重要。因为在成长的道路上，勇敢就是成长的强化剂。因为勇敢，所以才会向成功迈进一大步，就这么简单，因为勇敢，所以一切看起来依然是阳光明媚。

猎物为逃避捕杀，常会竭尽心机、奋勇向前，虽逃不出魔掌，但也死得悲壮，这就是勇敢。人也一样，危急时刻，为逃离火海，有人会从六楼纵身跳下；为脱离无情之水，即使只有一根稻草，有人也会抓住不放。这是因为他的勇敢，所以在他的心里就会有一点希望，而这一点希望足以让他有重生的勇气。而具有勇敢品质的同学，往往不满足于已有的知识、成绩、现状，不墨守成规，他们的思维总是处于兴奋活跃状态，善于抓住新的知识，归纳出自己独特的见解。

在不同的字典里，对勇敢有着不同的诠释。曾经有一位军人，在回家探亲途中赤手空拳与车匪搏斗，身受重伤。生命垂危之际，他仍高昂着头呐喊："抓歹徒！"因此，有人认为：勇敢，就是捍卫人格尊严的一个支点，有了它，即使你粉身碎骨，你也依然在人们心中树立了丰碑。而一个学生对勇敢的诠释就完全不同了。一位初二学生回答老师提出的问题，老师提问："苏东坡的诗句'竹外桃花三两枝，春江水暖鸭先知'中，为何鸭子最先感受到春江水变暖呢?"这位同学回答说:"因为鸭子最勇敢,只有勇敢向前的人,才能做到真正的'先知'。"这位同学的发言受到老师同学们的赞赏,但更精彩的回答在后头。当老师问道:"那么,你是否愿意做一位先知的勇敢者呢?"这位同学回答道:"我愿意,因为幸运喜欢照顾勇敢的人,这是达尔文的名言,我要向他学习。"无疑,这是位具有勇敢品质的同学,在知识的春江里,像鸭子一样,将最先感知到知识的"水暖"。

其实对于青少年来说,所谓勇敢,乃是通过自己的沉着、冷静和智慧,努力做到既拯救自己,又拯救别人!勇敢者的座右铭就是要学会双重的爱。随着年龄增长,青少年的体会也会不同。从现在做起,从自身做起,从身边的小事上做起,时时刻刻来提醒自己,应该勇敢的面对一切。其实有这么一句话:上帝为你关了一扇门,总会为你打开一扇窗。是的,不会总是透不过气的。所以请试着勇敢一点,因为希望就在前面。

生命因为勇敢而精彩

何谓英雄?何谓勇敢?仁者见仁、智者见智,书本上大抵将勇敢分为大勇与小勇,大勇者,为国为天下;小勇者,匹夫之勇也。

做一个勇敢的人,勇敢而充满激情的活着。做一个勇敢有魄力、决断力的人,这样成功的机会才会更大。

有这样一个故事,说是一只会变大变小的克鲁鲁狮子的故事。克鲁鲁狮子胆小时就变小,壮起胆子时就又变大起来。其实每个人都蕴含着无穷的力量,我们应该相信自己的力量,勇敢起来,我们都可以变得很强大。

做一个勇敢的人,用自己生命的力量化解生活中的遗憾。翻开字典,勇敢的字面解释是:"有胆量,不怕危险和困难,为达到既定目标而果断行动,甚至不惜献身的精神和行为。"它同怯懦、畏缩、蛮干相对立。懦夫、懒汉是不愿吃苦的，也吃不了任何的苦。他们在艰难困苦面前，往往望而却步，甚至吓破了胆，他们做不了勇敢的人。

古希腊哲学家德莫克利特曾这样说过"勇敢减轻了命运的打击"。人生常常遇到许多难题，做一个勇敢的人不是一件易事。勇敢不能遗传，人并非天生就具备勇敢的品质。勇敢的获得需要培养，需要锻炼，是在生活的基础上一点一点积累起来的。

勇敢的人有勇气面对困难，会尽最大努力去解决困难，这是积极的生活方式。勇敢的人更有魄力、决断力，拥有了这些才会离成功越来越近。懦弱的人当他们必须面对困难的时候，他们往往选择临阵逃脱。真正的勇者，其实是不分年龄与性别的，孩童或者说是青少年，未必就不勇敢。

曾有这样一个例证：一个人可能星期一莫名其妙地遭了一顿暴打，然后他可能星期二就开始给各个朋友打电话，他要复述这件事，他跟十个人以上复述这件事，每复述一次他可能又挨了一回打，到星期三的时候，他已经郁闷地说，我不上班了，这事太郁闷了。所以要找派出所，去给我通缉这个人，然后再找朋友，弄清楚为什么会这样，然后到星期四，就情绪更抑郁，开始跟家人吵架了，你说我为什么挨这顿打？

其实人最大的敌人，不是别人，而是自己。只有勇于面对自己心中黑暗的人，才是最坚强的人。人生中真正的险境，存在于每个人的心里。对危险的恐惧，俘虏了青少年，让他们看不清人生的真相，只有打破自己心中的屏障，才能真正把握人生。

因此，对于青少年来说，一定要学会勇敢，这是很重要的一种品质。正是因为学会了勇敢，所以在以后的人生道路上，不论有多少困难，有多少挫折，我们都不会害怕，更不会畏惧。因为勇敢，让年轻的生命从此变得精彩，让生命因为你的勇敢而变得更加绚丽多姿。学会勇敢面对，将会受益一生。

12. 敢于挑战自己

成功的过程是一个挑战的过程，挑战的不是别人，而是自己。有句话说"人类最大的敌人就是自己"，如果可以做到挑战自己，那么在成功的道路上，还有什么可以使人退缩、惧怕呢？一个人若要成功，挑战自我是很重要的，只有敢于向自己挑战才能战胜一切。

如果你没有做好挑战自己的准备，那你对未来的人生路上的困难就没事先做好心理准备，面对人生这条道路上的重重荆棘，广大的青少年朋友你做好挑战自己的准备了吗？

敢于正视自己

有人认为：为了生存，动物的第一反应便是勇敢地追逐或逃窜。人也一样，因此勇敢是一种本能的迸发与冲动。许多人在看了《勇敢的心》后，都会有一种感动，那个想安居乐业的男人最后还是成了苏格兰人民心中的英雄，因为爱让他勇敢，让他奋不顾身地为自由而战，在临刑前的那声为"自由"的高呼中，人们看到的是一种英勇的、坚毅的抗争，梅尔·吉普森的演绎真的让人感动。现实总是残酷的，但华莱士的牺牲更增加了大家追求自由的勇气，最后他们胜利了。是那份勇气使他们走向了胜利，使他们赢得了苏格兰人民的自由！最后，梅尔·吉普森他成功了，而他最重要的支撑点就是他的勇敢。

能够勇敢面对生活，最典型的例子发生在半个多世纪前。一位饱经战争和疾病折磨、双目失明并全身瘫痪的苏联残疾青年克服重重困难，以口述实录的方式完成了一部小说，这就是我们熟知的奥斯特洛夫斯基和他的《钢铁是怎样炼成的》。

保尔·柯察金，一生挫折无数，却能勇敢面对，不逃避，珍视生命，在种种挫败下，他一次次地倒下却又一次次地重生，最后，为世人演绎了"钢铁是怎样炼成的"。故事的主人公保尔·柯察金出生在一个贫苦的家庭里。他是个正直的青年，他吃苦耐劳，做事勤恳，因此，有许多愿意帮助他的好朋友。然而，年轻的他却在生活中时常饱受着病痛的折磨和大大小小的坎坷、困苦。他打过工，后来参了军。在战争的途中，他的身体不太好，经常昏倒、发烧，结果保尔的双腿瘫痪、双目失明，但最后他并没有向困难低头、向病魔认输。历经艰辛，他以一颗平淡的心勇敢地面对了一切。最终，他用笔来当武器将所见所闻写在了纸上，开始了新的生活。

著名法国作家、诺贝尔奖金获得者罗曼·罗兰为小说译本写了序。他在给奥斯特洛夫斯基的信中说："您的名字对我来说是最高尚、最纯洁的勇敢精神的象征。"作为一名青少年，我们在为主人公苦难经历和光辉奋斗历程感叹的同时，与保尔相比，我们的生活学习条件简直是太优越了，我们没有理由不努力学习，不然的话保尔一定会嘲笑我们的。《钢铁是怎样炼成的》让我们懂得了什么样的人生最有价值，那就是永不言败、奋斗的人生。

除了保尔·柯察金，还有一个张海迪，她更加的勇敢。张海迪是山东省文登县人，5岁的时候，患了脊髓血管瘤，先后做过四次大手术，胸部以下完全失去知觉。这个严重瘫痪的孩子，本来可以依靠父母的收入生活。可是，她要为人民、为社会多做些事情。她说："我像颗流星，要把光留给人间。"她怀着这样的理想，以非凡的毅力学习和工作，唱出了一首生命的赞歌。

张海迪面对着病魔，面对着厄运，已不再感到惧怕，她没有悲伤，没有哀叹，她无所畏惧地迎接命运的又一次挑战。她积极配合医生进行手术治疗。手术对于她来说，已成家常便饭，在她生命的历程中，光是大手术，就已经五次了。可是这第六次大手术——癌变切除和植皮手术，医生们有些替海迪担心，担心她挺不住。因为她有高位截瘫的特殊病情，手术不能使用一点麻醉药物，以防癌变组织扩散。没想到，海迪毫不犹豫地答应了。海迪忍受了常人难以忍受的剧痛，手术顺利完成。事后她风趣地对守候在自己身边的丈夫说："我都快成为'忍痛专家'了。"

曾经中国共产党中央委员会发出通知，号召全国人民特别是青少年，向张海迪学习。从此，张海迪这个名字迅速传遍祖国的大江南北，深入亿万人民群众的心中。张海迪发表了《是颗流星，就要把光留给人间》，瞬间让她名噪中华，获得两个美誉，其中一个就是"当代保尔"。

张海迪，一位身体高位截瘫的残疾人，却能以坚强的毅力以及对生活的信心和勇敢走出残疾人的阴影，做得比常人好，她的生命是焕发生机的。海迪不仅是忍受肉体痛苦、热爱生命的"专家"，她更是忍受生活痛苦、顽强战斗、努力奉献的英雄。这位英雄至今仍在以自己的病残之躯继续为社会奉献着。

其实，有许许多多类似保尔·柯察金和张海迪的故事发生在我们身边。比如，著名女作家——岑海伦，在她比较小的时候，突然发高烧了，并且留下了后遗症——双目失明、双腿瘫痪。但岑海伦并没有因为她的病而失去勇气，她还想再继续学习。岑海伦就用自己顽强的意志在轮椅上自学了初中、高中、大学、研究生等的各科课程。最后，岑海伦成了赫赫有名的女作家。

对于青少年来说，每个人都是一个完完整整的人，而且每个人的智力并不差，能够学好自己的文化课。虽然，不能背起刀枪保卫祖国，也不能在熊熊大火的战场上抛头颅洒热血。但我们可以把我所学的知识贡献给人民，为祖国的建设献出一份力量。有了奋斗的目标，有了学习的榜样，我们以后更应该要好好学习，成为祖国的栋梁之才！

勇敢支撑挑战

勇敢是一种好的品格。在人生的旅途中，人们需要有勇敢的精神去克服各种困难，无论在学业上还是事业中，都要靠勇敢的精神去取得成功。青少年朋友应该从小就锻炼自己，让自己拥有勇敢这种品质，要敢于面对强手。在困难面前，具有无所畏惧的心理素质；在竞争面前，具有不屈不挠的竞技状态。这是因为任何一种成功，都得需要勇敢来支撑，在成功者的道路上，勇敢是成功的灵魂所在。

当我们的生命遇到困难或不测的时候，我们一定要勇敢坦然地面对，想办法解决困难，不能轻言放弃，绝不能向困难低头。只要我们拿出对生活坚定的意志和勇气，就会战胜一切艰难险阻。生命需要勇敢，每一次的勇敢都是一种超越，每一次的勇敢都是一种蜕变，每一次的勇敢都是一种再生。

生活需要巨大的勇气，怯懦的人只是活着，他们并非在享受生活，因为他们的生命只是无奈的选择。生活对他们来说只是恐惧，生活对他们只是一种妄想，他们害怕一切，不仅害怕真实，也害怕虚假，惧怕人，也惧怕神。他们只有生活在长辈羽翼下，才会发出吼叫，走出这羽翼，他们只会发出垂死的呻吟。只有有勇气的人才能生活，因为生命是不安全的。你不可将自己局限在一个角落，自以为安全了，可靠了，其实那将是你生命的监狱。它只是给你暂时安全感，它并不是有生命力的。

勇敢可以使你强大，使你成功，也可以给你带来财富和魅力。勇敢的人也是一个普通的人，只要你自信自强、意志坚定，同样也会成为勇敢的人。那么怎么做一个勇敢的人呢？

首先我们要有自信心。缺乏勇气的人的最大心理障碍在于自卑，有这种心理的人，万事开头总是："我不行"、"我恐怕干不了"、"如果弄糟了多丢人"。结果无数次良机默默地错过。其实，世界上没有生下来样样都行的神童。路都是人走出来的，人的才能都是在社会实践中干出来的，勇敢的品质也是在行动中培养出来的。克服自卑的最好训练方法就是用实际的示范说明客观事物的真相，并通过亲身的反复实践认识真相，排除主观作用的不利影响。

具有勇敢品质的同学，在集体利益与个人利益相冲突时，能维护集体利益，表现出无私精神；在正义与邪恶相斗争时，能挺身而出、维护正义，表现出大无畏的气概；在他人遇到困难时，能见义勇为、乐于助人，表现出崇高的道德情感。他们的勇敢不同于鲁莽、粗暴、出风头，往往表现出机智、灵活、沉着、冷静，行为动作具有明确的目的性，并且雷厉风行，说干就干。因为他们比较自信，所以他们会既勇敢又果断的处理事情。

其次是要确立奋斗目标，加强意志锻炼。著名物理学家李政道博士年轻时，没有静心读书的环境，他就在人声鼎沸的茶馆里找一个角落读书。开始，嘈杂的人声使他头昏脑涨，但他强迫自己把思想集中在物理知识上。经过磨炼，再乱的环境也不能把他从书本上拉开了。

这是因为勇敢的品质不是一天、一个月、一年所能获得的，需要经过不懈的努力，历经困难、挫折、甚至失败才能得到。坚强的意志是成功的保证，一个勇敢的人，同时也是一个意志坚强的人。他们在困难面前不后退、不低头，而是挺胸抬头，坚持向前走。

再次，是富于冒险精神是勇敢者的鲜明特点。软弱的人总是安于现状，墨守成规，碰到事情总要想前人怎么做、别人怎么做，很少想自己怎么做，然后"依葫芦画瓢"，丝毫没有创造性。要想做一个勇敢的人，就必须有冒险意识，勇于破除传统，敢于改革创新，做"第一个吃西红柿"式的英雄。

最后，沉着、冷静是勇敢者的形象。紧急关头，慌张、忙乱本身就是怯懦的表现，而沉着、冷静、遇事不慌、处乱不惊，才能做到急中生智，从而克服困难、排解险情。这时，冷静恰是勇敢的表现。

人生最顽强的勇气是自信，最富丽的天堂是知足，宁可做过了后悔，也不要错过了后悔，生如夏花之灿烂，死如秋叶之静美。勇敢地面对人生的各种际遇，始终保持健康、乐观向上的人生观和价值观，珍惜来之不易的生命，好好地活着，认真的活着，关爱朋友，珍惜生命，善待我们生活中每一个人，让爱在世界里来回转动，让我们的生命变得更加精彩。

对于青少年来说，生命在于顽强的探索，进入无限的未知，伸向那浩瀚的星空。在生命的每时每秒里，都充满着勇气，具有牺牲的精神。没有什么比生活更有价值，在你生命完结时，惟有你充实的生活，是你的永恒。

作为当代青少年，一定要勇敢的去挑战，随时准备挑战那些阻碍你前进的一切困难，你的人生会因此而丰富卓越，世界也会跟随着你的步伐向前迈进。只有敢于挑战自己的人才能成功；只有敢于挑战自己的人生才是有价值的；只有敢于挑战自己的人生才是多姿多彩的。

13. 勇气使你立于不败之地

歌德曾说："你若失去了财富，你只失去了一点；你若失去了荣誉，你就失去了许多；你若失去了勇气，就把一切都失去了。"生命对于现实生活的每一个来说，少的是平坦，多的是坎坷；少的是美妙的乐章，多的是沉重的低音；少的是开怀大笑，多的是痛哭流涕。所以想要成功，就必须有足够的勇气来面对这一切，不论你经历什么，在经历着什么，总该明白，人生的路不管是好是坏，总要走下去。青少年作为初升的太阳，更要有一种初生牛犊不怕虎的精神，敢于面对，敢于挑战。

勇气是成功的前提

每次公司有新员工进来，总经理都会当着全体员工宣布一条不成文的纪律："谁也不要走进8楼那个没挂门牌的房间。"每次也会有员工好奇地问原因，但他只说这是规定，没有原因。从此以后，公司里没有一个人违反他的禁令走进8楼那个没挂门牌的房间。

一次，公司又招了一批员工，总经理像往常一样在全体员工大会上宣布这条规定，台下静悄悄的。突然听到一个年轻人带着疑惑问了一句："为什么？"总经理听到后依然满脸严肃地说："不为什么，你只要照做就行了。"

随后的几天里，年轻人一直带着疑惑在工作着，他很好奇这个公司的经理为什么要这样做？这里面到底有什么玄机？其他工友见了都好心的劝他，不要多管闲事，只要做好自己的事想办法过了试用期才行。但年轻人百思不得其解，他决定抛开"听总经理的没错"的劝言，即使真的因此而被开除，也要把事情弄个明白。

一天，他趁人不注意，偷偷的爬上8楼，走到那扇没有门牌号的门口。年轻人轻轻地敲了敲，但没有反应，他又轻轻的一推，门居然没有上锁，开了。屋里满是灰尘，除了一张桌子什么也没有，年轻人走了进去，在桌上发现了一张纸牌，虽然很脏，但还是能清清楚楚的看到上面用笔写的几个大字"请把此牌送给总经理"。年轻人拿起纸牌想，如果我把这个交给经理就等于自己承认进了这个禁止入内的房间，但如果不交……思考片刻后，他走出房间直奔经理办公室。当总经理看到纸牌时并没有发火，而是激动的宣布："你被任命为销售部经理助理了"。

几个月后，年轻人所领导的队伍把公司的工作做得红红火火，他被升为经理。

的确，生活中所走的每一步都需要很大勇气，也是因为勇敢，才会向成功迈进一大步。生活中，勇气是接受挑战的信心、是承受失败的力量、是做出选择的决心、是坚持到底的毅力、是从失败中重新站起来的坚强。青少年也需要勇气来为自己的人生打气，挑战所有的考验，攀登生命的高峰。其实，很多时候，成功的大门都是虚掩着的，困难只是被我们无意识的夸大而已，只要有勇气，勇敢地去敲，大胆地往前走，呈现在你眼前的将是另一片崭新的天地。

敢于挑战，不轻言放弃

成功者拥有什么？智慧？才华？不，是勇气，是敢于挑战一切的勇气，是面对各种困难、挫折的勇气。英国小说家柯鲁德·史密斯曾说："对于我们来说，最大的荣幸就是每个人都失败过，而且每当我们跌倒时都能爬起来。"纵观古今中外所有成功者，他们无不是笑着面对人生的巅峰和困境，在属于自己的道路上无所畏惧，一往无前，而这需要的就是勇气。

伟大发明家爱迪生一生有近千项发明。仅仅是电灯泡这一项发明就历经了1000多次的失败，可见他一生经历了多少的失败。曾有人问他，在一个发明失败了1000次后，有什么感受，就没有想过放弃吗？爱迪生回答说："怎么能说是失败呢，应该是我发现了1000多种不适合做灯丝的材料，找到了1000多种发明电灯泡的错误方法，所以我最终能找到钨丝。"在他搞发明期间，成了纳粹党迫害的对象，虽然经过重重困难活了下来，科研的道路也充满了艰难险阻，但他并没有放弃，反而加倍努力，勇敢地坚持自己的观点与理念。

在青春的道路上，勇敢的青少年要有勇气面对困难，绝不能向困难低头，敢于通过各种方法解决困难，也正是因为有足够的勇气，才能突破困境，获得成功。的确，"放弃"只要一句话，而"成功"却需要一辈子的坚持。对于青少年而言，对生活、对未来有着无限的憧憬，但也有着无限的恐惧，这就需要拿出对生活坚强的意志和勇气，勇敢的面对即将到来的每一天。即使失败马上就要降临，又有什么可怕的呢？只要勇气没有丧失，成功的希望就永远不会破灭，只要拥有成功的希望，失败就不会轻易接近。即使真的失败了，失败又算什么，只要有勇气去面对失败，有勇气去再试下一次，就还可以再一次迎接下一次的成功。

其实，做一个勇敢的人并不是一件易事，作为一个勇敢的青少年也实之不易，因为人并非天生具备勇敢的品质，这就需要青少年朋友在平时注意培养和锻炼。只有经过不懈的努力，历经困难、挫折、甚至失败，才能得到在困难面前不后退、不低头的勇气。生命的意义在于对无限未知世界的探索、顽强的生命力与敢于牺牲的精神。越是在危险时刻，你们的勇气就越需要经受巨大的考验。

在成长的道路上，勇敢就是成功的垫脚石。它是你在成长道路上累积的经验和财富，可以使你强大，帮你从低谷中走出来，重新面对斑斓世界。人正是因为勇敢，才不会去理会他人的说三道四，不会因他人的眼光而退却；正是因为勇敢，明知理想之路充满艰难，但还是会微笑的走下去；正是因为勇敢，才会坚持、才会容忍、才会成功。所以青少年朋友们，请勇敢地面对人生的各种际遇，珍惜这来之不易的生命，让生命变得更加精彩。

14. 没有翅膀也可以飞翔

　　每个人都有属于自己的花朵，幸福其实并不那么遥不可及。即使没有翅膀，也可以展翅飞翔。或许你曾经幻想着自己能够拥有一对天使的翅膀，自由自在地飞翔在蔚蓝的天空中，可是突然有一天，你发现自己不但不会生出翅膀，而且连腿也断了，天空从此消失了，这时你会做何选择，难道还要失去大地吗？明智的你，绝对会说："不，虽然腿折了，但是我还可以站起来走路，虽然没有了翅膀，但我仍然可以飞翔。"

　　没有翅膀也可以创造奇迹

　　每个人都在寻找一种事物，这种事物能让所有的事情都变得完美无缺，它被隐藏在一个神秘的地方。你可以在孩子们天真无邪的脸上找到它，可以在充满爱的眼神中找到它。有些人会在每天的清晨找到它并分享它，有些人过着孤独的生活。也许别人无意中的话便能让你哭笑不得，你可以在深厚的友谊中寻找到它，并且让它陪伴你一生。然而当你懂得了这种情感重要性的时候，你就会明白，没有翅膀你也可以飞翔。即使它看起来是不可能存在的，你也会在每一个梦中苦苦追寻。它会给你力量，和你在一起才能使世界变得更加完美，因为它就是你最特别的梦。没有翅膀你也可以飞翔，这是你生命真正意义的开始。

106

在生活中，总有那么一种声音在为你呐喊，为你点燃激情，使你张开翅膀，冲破旅途中的苦与累。因为你知道在那不远的前方，有你温暖的避风港。那一刻，在一片欢呼中，会让你张开双臂飞得更高更远。或许，未来道路上迎接你的不一定会是鲜花的海洋，但不要有遗憾，卷起翅膀，重新为梦想起航，树立起迎接下一个挑战自己的目标。你会清晰地意识到支持的力量永远不会间断，在你背上有着一双隐形的翅膀，会伴随你一生。给你支持的力量，给予你翅膀，让你载着他们的梦想飞翔。

青春之路就像一个未解之谜，有时候谜底好像就在我们眼前，有时候却又变得那么模糊。可一旦你真正意识了它的真实面目，你的生命此时已经过去了一大半。一个人活着，不在于天赋有多高，而在于对自己生命价值的展现程度。所以，我们要热爱生命，珍惜生命，感悟生命。鄙视生活中那些看破红尘的轻生者，因为那是对美好生命的一种践踏。我们应以一颗平淡的心坦然去面对，笑对人生。人生是生命的延续，是生命的体现。生命的意义在于创造生命过程中的美好和精彩，生命的价值在于能够坦然地欣赏人生的美丽和悲壮。不管经历多少次的挫折和磨难，都要勇敢地去面对自己的人生。

没有翅膀也可以演绎精彩人生

无臂女孩用双脚书写的人生，她那种倔强的精神使我们每一个人都深受感动。就像她所说的没有坚实的臂膀，但却有一颗无比坚强的心。

她曾用双脚写下过这样的话"没有翅膀，也可以飞翔"，感动于这种旺盛的生命力。没有翅膀也可以飞翔，翅膀健全的人，未必有飞翔的勇气。每个人都有一双隐形的翅膀，它可以带你渡过难关，飞跃沧海。即便是断了翅膀的雄鹰，只要翅膀还在，就有飞翔的希望。经历了转变经历了挫折，还能重新再站起来的人，才是真正意义上的生命中的强者。身体的创伤，历经时间的考验，终久会修复；而心理的残疾，需要用多少的时间，才能真正愈合，还要靠自己的毅力。

她说："我的第一次生命是母亲给的，而第二次生命是需要我自己来赋予。"她用常人难以想象的坚强演绎了生命的奇迹。她的成长经历，让我们知道，坚强乃是她与苦难命运抗争的唯一武器。或许是命运的不公，让她过早的失去了双臂，但命运却为她保留了最完美的形体，赠予她了坚韧和乐观的品性，带她到达尊严的高度，收获生命的光亮。

在她三四岁的时候，当同龄的孩子在父母怀中撒娇时，她懵懂的意识到自己与其他的孩子不同，因为自己没有双臂。然而，面对命运的捉弄，她并没有认命，为了弥补自己双臂带来的不便，她开始锻炼着用双脚来代替双手，用脚学习穿针引线，用脚练习写字、洗脸，甚至用自己柔弱的双肩学习骑自行车。经历了一次次的失败，一遍遍的练习，在这些被常人看作是不可能完成的事情，在她双脚的作用下都变为了现实。她用自己的双脚创造着奇迹，用双脚演绎着自己原本并不完整的人生。

刚上小学时，失去双臂的她在那些不懂事的小朋友眼里显得十分离奇，他们取笑她，疏远她，不和她玩，甚至用一些刺耳的话语中伤她，放学了没有小朋友愿意和她一起回家。当她一个人走在路上的时候总会招来人们异样的目光，所以一放学她就拼命地往家跑，回到家里就把自己关在房间里大哭。这个无比坚强的女孩子，面对生活，从来都是那么的从容淡定，从来不在老师和同学面前流泪。当自尊心受到伤害时，虽然心里会很难受，但每次哭过之后，她会变得更加坚强。

她是一个乐观向上、充满自信的女孩，虽然命运并没有让她同其他人站在同一起跑线上，却催生了她内心里一双强健的翅膀。这双翅膀带她飞上胜利的高度，俯视人生劫难。尽管没有了双臂，但她一直心怀梦想，所以她的脸上时刻洋溢灿烂的笑容。生活中的她，喜欢画画和唱歌，她和同龄女孩一样充满阳光。在思想上，她比同龄人要成熟许多，她对未来充满了向往，对人生有着更多的理解。

她曾说过："在我骨子里有一种与生俱来的韧劲吧。别人越说我不行，我就用行动去证明给他们看。"只要相信奇迹的存在，只要不抛弃不放弃，一切皆有可能。

她是一个充满感恩的女孩，在受到别人关爱的同时，时刻想着要为他人做些什么。无臂女孩曾让无数观众为之落泪，她对美好生活的向往，她那种不被现实所征服的精神激励着我们每一个人。她让我们相信，有梦想就可以起航，没有翅膀也可以飞翔。

15. 勇敢地面对生活的挫折

巴尔扎克曾说："不幸，是天才的进身之阶；信徒的洗礼之水；能人的无价之宝；弱者的无底之渊。"随着当前社会竞争力的增强，人们的心理压力也越来越大。但对于青少年来说，心理承受能力还不是很强，所以当遇到挫折的时候，常常会很受打击，一时不知如何应对。不过，这也是情有可原的。

挫折是人生的必修课

青少年正处于心理和生理发育的关键时期，也是他们在人生的第二个"断乳期"，而这个时期，也是青少年的"心理扰动期"。心理学家说："在人生的各个阶段中，青少年时期是最叫人忧虑的。"

第一，儿童时期适应不良所积累下来的问题到青少年时期表现得更加明显与严重；第二，青少年是个体从儿童期过渡到成人期的关键阶段，在追求独立与建立自我过程中，常会发生特殊的适应困难；第三，初中阶段亦是人生观、世界观的形成时期，在这个时期，青少年的是非观念，处事方式，行为习惯，价值取向等都开始表现出自己的个性，而这些个性是否能够适应现实生活，将直接影响到他们的心理承受能力和耐挫折能力。

因此，如何面对生活和学习中的困难与挫折，拥有积极健全的心态，成为困扰着青少年的关键问题之一。其实，对付挫折最好的办法，就是勇敢地面对它。

一个人在为自己的理想奋斗、拼搏的过程中，总会遇到许多坎坷挫折，而能否跨过这些"坎儿"，就要看你是否要勇敢地去面对了。一个人只有勇敢地对困难说"不"，并且用积极乐观的心态去战胜它，才能成为真正的强者。而世上所有的成功者正是抱着这种心态，以"无论面对任何困难，都不屈服"的韧劲，才最终取得成功的。

挫折是什么，挫折就是指人的意志行为受到无法克服的干扰或阻碍，预定目标不能实现时所产生的一种紧张状态和情绪反应。而对于每个人来说，遭遇挫折是不可避免的。挫折是客观存在着的，它对人有弊亦有利。对于抵御挫折能力强的人来说是一种动力，它可以激发个体的意志努力，更坚定地朝着自己预定的目标奋力前进，直至达到目标。在这个过程中，他们可以面对现实社会，不断调整自己，不断战胜困难，体验成功的喜悦，积累成功的经验，自信心不断得到增强，人生价值感得到提升。而对抵御挫折能力弱的人来说，挫折即是毁灭，它会把人压折了腰，他们通常表现为不能正视现实，对未来总感到失望，感到迷茫，感到无所适从，经常采取逃避行为来应付自己所处的环境，甚至自虐自残。

勇敢地面对挫折，培养抵御挫折的能力

所以，要想彻底战胜挫折，就要培养自己面对挫折的勇气和抵御挫折的能力。只要你拥有了这两样法宝，那么在任何困难挫折面前，你可谓是"刀枪不入"。那么，我们应该怎样培养自己面对挫折的勇气和抵御挫折的能力呢？不妨从以下几点做起。

1. 正视挫折。不要害怕挫折，要正视它的客观存在。你要认识到，理想是美好的，但实现理想是非常艰巨的。经受挫折是人们现实生活中的正常现象，是不可避免的，社会的进程如此，个人的成长经历也是如此。多参加一些活动，比如组织故事会、报告会、学习名人、伟人正确对待挫折的态度，并多参加长跑、义务劳动等，逐渐培养自己战胜困难的勇气。平时也多做一些难题，以磨炼自己的意志，培养自己敢于竞争与善于竞争的精神，使自己在面对挫折时不气馁，然后，刻苦攻关，勇攀高峰。

2. 培养自己的自信心。自信是一个人心理健康的重要标志，也是一个人生命的灵魂，是一种无敌的精神力量。而且自信心也是一个人重要的心理品质。心理学家普遍认为，自信和勤奋是一个人取得好成绩的两个重要因素，也是学生长大成才的重要心理品质，国家的富强、社会的进步需要人们具备这两个重要因素，同样个人的成长也需要这种自信。在社会激烈竞争中，这种自信尤为重要。

3. 学会正确地处理人际关系。和谐、融洽的人际关系，是一个人身心健康成长的保证。平时多学习人际交往方面知识，掌握人际关系的准则，并和同学相互沟通、多交流，让自己在理解他人、关心、帮助他人的过程中，掌握一定的道德概念，体验一定的道德情感，实践一定的道德行为，在和谐、融洽的人际关系中健康成长。

4. 培养自己的耐受力，提高生命的韧性。爱迪生曾说过："伟大人物最明显的标志就是他坚强的意志，不管环境变换到何种地步，他的初衷与希望仍不会有任何改变，而终于克服障碍以达到期望的目的。"所谓耐受力是指当个体遇到挫折时，能积极自主地摆脱困境并使其心理和行为免于失常的能力。积极的心理耐受力源于个体的心理韧性。所谓心理韧性是指个体认准一个目标并长期坚持向这一目标努力，在此过程中，做事不虎头蛇尾，不半途而废，不达目的决不罢休。如果你具有百折不挠的毅力、坚忍不拔的意志、矢志不移的恒心和乐观自信的精神，那么你的抗挫折能力自然就强，对挫折适应能力也强。像张海迪、桑兰这些身残志坚的人，她们无不是具有超过常人的意志力。所以，有时候培养积极健全的心理比锻炼一个健康的身体更为重要。

总之，挫折对青少年来说是暂时的，但也是永远的。所以，如何面对挫折将贯穿一个人成长的始终。但困难和挫折，对于成长中的你来说，绝对是一所最好的大学。

一个孩子，如果在成长中没有经历过困难和挫折，那他就品味不到成功的喜悦；一个人，如果没有经历过苦难，那他就永远感受不到什么是幸福。不管是什么人，只要他没有尝过饥与渴的滋味，他就永远体会不到食物和水的甜美，他也就不懂得生活到底是什么滋味。

勇敢地面对生活中的挫折吧，这是一种智慧，是一种收获。

16. 永远不向挫折低头

青少年的成长之路就是无数次摔倒在泥泞中，又无数次的爬起来，继续前进。成长之路就是在失败中接受磨难，在成功中接受安慰。失败乃兵家常事，乃人生常遇。但是无论在何种情况下，请你都不要轻言失败，永远不要臣服于挫折。

永远不要向挫折低头是人生的忠告。

不怕挫折，青少年成长的必修课

爱迪生一辈子有大约1000多种新发明，像电灯、留声机等，都是爱迪生发明的。从1847年2月11日诞生到1931年10月18日逝世，爱迪生活了84岁，有人计算了一下，他平均每15天就会有一项新的发明。看上去，搞发明对爱迪生而言，就如同家常便饭一般。事实上，任何发明都不轻松，就拿电灯的发明来说吧，爱迪生在发明它的时候，经历了千辛万苦，仅是为寻找合适的灯丝材料，就试验了几千种耐热和抗氧化的材料。

总而言之，在爱迪生研制开发的过程中，他用自己顽强的毅力，不甘低头的决心，终于找到了可以实际应用的竹丝灯，给千家万户带来了由电发出的光明，这种竹丝灯在市场上一连使用了许多年。后来，爱迪生又发明了一种化学纤维，把它炭化后代替竹丝炭化的灯丝，灯泡的寿命又有一定的提高。

爱迪生，他的名字享誉全球，可真正震撼每个人的是他那豁达的心胸和不向挫折低头的品格。所以有人说，大海是辽阔，可比大海更辽阔的是人的心胸，爱迪生就有这样的心胸，他的品德比他的名字更响亮。

人生本身就是一条曲曲折折、坎坎坷坷的路，有欢笑，也有痛苦；有鲜花，也有毒藜；忧喜悲欢皆是歌。也许命运正在苛刻地对待着你，你渴望一帆风顺，却时时事事不顺人意。古今中外，任何一个人在成长的道路上，都会遇到这样那样的困难和挫折，挫折感是普遍存在的。面对挫折不要绝望，人在成长的过程中，尤其是青春年少时，困难和挫折是不可避免的，一定要看到你还有胜利的机会。挫折面前要以锲而不舍的精神，迎难而上，坚持下去，这样才能取得事业的成功。

挫折是成功途中的考验

在通往目标的过程中，因为自己的行动多次受阻而产生的绝望感，是自己在心中滋养起来的障碍。倘若我们在挫折之后对自己的能力或"命运"产生了怀疑，产生了失败的情绪，想放弃努力的话，那么，此时的青少年就已经失败了。面对困难，很多青少年都望而却步，而只有敢于品尝青春路上的"苦涩"咖啡的青少年才深深地懂得，如果不勇敢地与挫折拼搏一番，哪怕成功离你一步之远，也会与你擦肩而过，挑战过后，也会发现，困难也不过如此。

青少年的成长历程如同打牌一样，拿到什么牌其实并不重要，如何把手中的牌打好才是最重要的。困难和挫折在所难免，遇到了挫折就把它当作一次跋山涉水。"无限风光在险峰"，不饱尝痛苦的寻觅，哪能领略成功的甜蜜。这个时候，青少年朋友更应该用自己本身的力量去渡过难关，挑战挫折，这是一种快乐，这种快乐是胜利的快乐。正因为这种胜利来得很艰难，正因为和痛苦战斗的时候，非常之困难和艰险，所以最后胜利的凯歌将会更加动人、响亮。

人生何处没有风景，生命本来就是一连串的战斗。有些青少年在逆境中，熬一熬，忍一忍，再拿出一份信心和勇气，照样能把风景般的笑脸映进时光的底片中。这种无私无畏，不屈不挠的精神，是风景中的风景，美丽中的美丽。

有这样一句格言："挫折是成功途中的考验，懦弱的人必然在挫折面前低下高贵的头颅，只有坚强的人，才会用自己的智慧和力量，去挑战挫折，认认真真地走自己的路程。"人生不可能每个日子都灿烂辉煌，欣然接受每一次挫折乃至失败，永远不向挫折低头，你就会为自己创造机会。承受得越多，生活才越充实，生命才会更有力量，思想的高度才会越拔越高。

海浪的品格，就是无数次地被礁石击碎，又无数次的扑向礁石。蜘蛛的网，无数次的被摧毁又无数次的被修好。永不言败是一种锲而不舍的精神。失败是一种打击，一次次的失败重创着心灵。当心灵受到一次次血洗时，那么正处于青春年少的你是否有勇气去尝试、去拼搏、去失败。

永远不要向挫折低头，这需要信心，更需要勇气。

17. 在受伤中学会坚强

心理学认为，挫折是在有目的的活动中遇到无法克服的心理障碍或干扰所造成的，因为自己所需要的没有得到而产生的消极心理。在生活中挫折是对勇气的最大考验，就是看一个人能否做到败而不馁。

青少年时期有许许多多的幻想和目标，为将其变成现实，他们会付出种种努力甚至刻意的追求。当这种需求持续性地不能得到满足或部分满足时，他们的心理就会产生挫折感，所以挫折也可称为是需要得不到满足时的紧张情绪状态。如果挫折产生于较为重大的目标，如学业、工作、爱情上，这种挫折可称之为失败。如果这种挫折的障碍与压力持续时间长，影响范围广，将会使其处于一种不利身心发展的人生位置，则称为身处逆境。挫折、失败和逆境会给青少年带来紧张状态和失望、压抑、沮丧、忧郁、苦闷等紧张心理状态和情绪反应，心理学上称之为挫折感或挫折心理。

不经历风雨，如何坚强

英国哲学家培根曾说："超载自然的奇迹多是在对逆境的征服中

出现的。"如果你是一株小树苗，经过阳光雨露必能长成一棵参天大树；如果你是一只雏鹰，经过不断的飞行训练必能在蓝天翱翔；如果你是一条小溪，只要奔流向前，你必能到达自己的目的地。我们在生活中总会遇到一些苦涩，在苦涩中青少年应该做的就是学会坚强。

春天的风雨总是像母亲的手那样温柔地滋润着万物，最先蠢蠢欲动的总是小草，它们不管如何艰难都会坚强地从泥土里钻出来，为山野铺上一层绿色，充当着春的使者，是春天的风雨让小草如此坚强；夏天的风雨疯狂而肆虐，但饥渴的万物都在等待着夏雨的恩赐，同时屈服于夏天，然而，荷花却坚强地屹立在自己的那一片小水潭中，偶尔有雨滴落在它宽大的荷叶上，它却固执地抖一抖身子，把雨滴甩出很远，在风雨中，构成一幅"风荷举"的美景，是夏天的风雨让荷叶学会坚强；秋天的风雨冷漠而萧索，大树的叶子已经枯黄，在一阵秋风秋雨中，枯叶飘然而逝，安静地躺在那里，等待着腐烂，也等待着重生，去解释"落红不是无情物，化作春泥更护花"的情怀，是秋天的风雨教会落叶坚强；冬天的风雨肃杀而残忍，它们以自己的威力逼迫万物屈服，只有梅花敢于反抗冬天的暴政，扎根于雪地下，生长在寒风中，用曲折坚硬的枝干展示着自己的坚强，用红得夺目的鲜花诉说着自己的毅力，是冬天的风雨让梅花变得坚强。大千世界，万物的坚强都是在风雨中铸就的！

只有在风雨中，现代青少年才能够真正学会坚强。当你面对机遇时，才能像小草破土一样，意气风发，踌躇满志；当你面对世俗时，才能像荷花自洁一样，不为所动，高洁傲岸；当你面对失败时，才能像落叶归根一样，从容不迫，无私依旧；当你面对困难时，才能像梅花凌寒一样，无所畏惧，勇往直前。

时间万物恒如此，不经历风雨，如何学会坚强？当枯叶纷纷凋落，秋林显出了她的秀逸，却仍有几片顽强的叶儿像是点缀，迟迟不愿落下，夹杂着一份不在意世事繁华的孤傲，可最终逃不过地心的羁绊，缓缓地，不甘心地落下来，准备着来年的重生，不屈不挠。人生路上也必然风雨交加，就像叶儿，不经过秋风秋雨的洗礼，它怎么能坚强？漫漫旅途，谁能预测前路是鲜花丛生还是荆棘密布。若人生路上阴风阵阵，道路崎岖，除了坚强面对，你找不到自己的出路。

作为年轻的一代，在追赶梦想的路上有低谷也有暗礁，谁说失败了就再难抬头，在自由的海域里，没有了暗礁，才是最大的不完整。只有不断地经历失败，经历风雨，不徘徊不迷失，看到远处的绚烂彩虹，平静一些，坚强一些，光辉的人生将会写满灿烂。毕竟，你被搁浅的，不是泥沙也不是海湾，而是一颗不坚强的心，你不愿起航，怕没了方向，只好乱撞乱闯。其实，人生路上总会有太多风雨，也难免经历痛苦和挣扎，最重要的是你要保持一颗坚强的心！

风雨即挫折，挫折要坚强

人生在世，总是力求路途平坦，波澜不惊，期待前进的路上，即使没有莺歌燕舞，没有千娇百媚，最好也没有风雨，没有挫折。然而，万事岂能尽如人意，人生之路总是风雨交加，挫折不断，只有越挫越强才能活的有滋有味！

风雨即是挫折，它是人生的一笔财富，没有挫折的人生，永远学不会坚强，这从某种意义上来说是黯然失色的。毕竟，挫折会让你变得聪明而坚强，成熟而完美。于是乎，你要勇敢地面对挫折。

然而，在现实生活中，某些人偏偏被狗咬过一次了，却又再次被狗咬了！当看到狗时，为了避免被狗咬，有人采取大呼小叫、拔腿逃跑的办法，结果适得其反，助长了狗的嚣张气焰，再次被狗咬就在所难免；有人却只是弯了弯腰，装出从地上拾块砖头的样子，狗马上夹着尾巴溜之大吉了。这就好比遇到挫折后两种人不同的做法，有人一再逃避退缩，终究失败，而有的人却选择坚强面对，最终获得了意想不到的成功。

在人生路上，虽然一帆风顺的你可以借鉴别人的经验教训，但总觉得没有风雨挫折就会索然无味。青少年，一定要有一颗面对风雨依然坚强的心。对于高考落榜的学子，也应该从挫折中得到启发，振作起来，开始新一轮的搏击，你比别人多了一番挫折，经受了一番磨难，那么，一旦成功，你也必然比别人多一份喜悦。生活和学习都是不断经受风雨和挫折的过程，坚强的特质会让你更加努力和珍惜，在今后的路途中光芒四射！

第三章

学生阳光心理教育的性格塑造

1. 克服自负心理的办法

自负是过于自信或过高地评估自己的能力，是一种不切实际自高自大的心理表现，这种现象往往会使人的言谈举止狂傲自私，瞧不起人。自负必须建立在客观事实的基础之上，通常，脱离实际的自负对于人的心理健康有着严重的影响。青少年有自负心理就是一种严重缺乏自知之明的心理缺陷。

生活中，有些青少年朋友常常会因为自负而不能和朋友们友好相处，有这种心理的青少年也总是有着高高在上、盛气凌人的不良表现，他们不尊敬长辈、对大人们傲慢无礼，还有的青少年朋友因为自负不爱与别人说话，不回答别人问的问题。这种不正常的心理表现严重影响了青少年的健康成长。

自负心理——人的一大恶习

有自负心理的人有很强的自尊心，他们自视过高，总以为自己很了不起，总是把自己凌驾于别人之上，与人交往时，他们习惯把自己的观点强加于人，即使明知自己错误，也不愿意改变自己的态度，接受别人的观点；任何事情都从自己的利益出发，从来不顾及别人的感受，但却要求别人都能为自己服务；对别人的成绩非常嫉妒，对别人的失败幸灾乐祸，不向别人提供任何有价值的信息；在别人获得成功时，会用"酸葡萄心理"来维持自己的心理平衡。

杨某是个非常优秀的学生，人长得漂亮，有一双会说话的大眼睛，能歌善舞，素质发展非常全面。在学校是个受欢迎的学生，学校领导看着喜欢，班主任老师更是视为心腹骨干，回到家里，爸爸、妈妈又把她捧为掌上明珠，宠爱有加。

有个这样能干的学生，做为班主任当然十分高兴，一直都很重用她，凡事都让她管，渐渐地她越来越自命不凡，和同学之间的矛盾也越来越大了。学期开学要重新成立班委会，班主任征求她的意见，她说这个"太笨"，那个"不会说话"，不是摇头就是撇嘴，意思十分露骨，全班除了她没人能当班干部了！也许正是她的这种态度，引起了同学们的不满，班干部竞选时，她以 11 票之差落选了，当时，她就急哭了，中午拒绝吃饭表示对竞选的不满。

美国著名的哲学家富兰克林曾说过："自负是一个人要除掉的恶习。"可见，自负对人是有百害而无一利的，一般有自负心理的青少年大多数是表现在独生子女或是家庭条件较好的人们身上。自负不但会给你们造成负面影响，还会影响你们的生活、学习、人际交往及心理健康。

你们产生自负的原因如下：

1. 不良的家庭教育。家庭教育是你们产生自负心理的第一根源。青少年朋友们在成长过程中，还没有很高的自我评价能力，通常你们的自我评价来自于周围的人对自己的看法，家庭则是你们自我评价的第一参考。而多数父母给予你们的都是片面的溺爱、夸奖、表扬，而非全面的夸奖与批评相结合，从而使你们觉得自己是"最了不起的"，"我是最棒的，别人都要听我的"。

2. 没有经历过挫折。现在大多青少年朋友都是父母的掌上明珠。在生活中，你们从来没有遇到过挫折，在学校又因为成绩突出，经常受老师的表扬，这就很容易使你们养成自傲和自负的性格。

3. 对自己片面的认识。有自负心理的你们往往掩盖自己的缺点，夸大自己的优点。事实证明，如果一个人只看到自己的优点，而对自己的缺点视而不见，往往容易产生自负的心理。

克服自负心理，刻不容缓

自负往往会导致你们自满，会使你们丧失进取心，增强虚荣心。

它会阻碍你们前进的脚步。那么，你们如何克服自负心理呢？

1. 你们要善于接受批评

有自负心理的青少年朋友是最不愿意改变自己的态度或接受别人的意见的，有自负心理的你们在做事时可以征求一下其他人的意见和看法，这样通过别人的友好提醒。很快就会改变你过去固执己见、唯我独尊的心理。

2. 谦虚是良好的传统美德

有自负心理的你们要用一颗谦虚的心与别人建立友好的人际关系，这是你个人自觉成长的开始。古人云："谦受益，满招损。"你可以有豪情万丈，但绝不能有半分自负心理。就算你有过人的才识，也要虚怀若谷。

3. 增强自我认识

你们要全面的认识到自己的优点和缺点，不要拿自己的优点和别人的缺点相比较。在这个世界上每个人都有自己的优势和不如别人的地方。所以，你们要正视自己的优点和不足，从而，尽快走出自负心理。

4. 善待身边的每一个人

有自负心理的你们一般都是目空一切，总觉得自己是最优秀的，这是自恋的表现，对身心健康极不利。要想彻底地克服这种不好的心理，必须要做到心中有他人，处处为别人着想，尊老爱幼，善待身边的每个人，还要取他人所长补自己之短，不断地充实、完善自己，努力克服自负。

你们要以发展的眼光看待自负，既要看到自己的过去，又要看到自己的现在和将来，辉煌的过去可能标志着你过去是个英雄，但它并不代表着现在，更不预示着将来。

2. 克服孤独心理的措施

孤独并不是指单独生活或独来独往。人人都可能有孤独的时候，一个人也许在他的身边有很多的人，然而在大庭广众之中，未必就没有孤独感产生。真正的孤独者是那种貌合神离，没有情感和思想交流的人。确切地说，孤独就是对周围一切一点也不了解，对所处环境及周围的人缺乏情感和思想的交流。

孤独是在日常交往中产生的一种被冷落、寂寞和被遗弃的心理体验，这是一种消极的情绪表现，特别是对于青少年这一人群，在人际交往中出现的孤独感已是困扰你们的重要因素。这对你们行为发展极为不利。

孤独感往往是自己造成的

孤独感是一种封闭心理的反映，是感到自身和外界隔绝或受到外界排斥所产生出来的孤独苦闷的情感，这是在日常交往中产生的一种被冷落、寂寞和被遗弃的心理体验，这是一种消极的情绪表现。

常见的情绪情感障碍有：害羞、恐惧、愤怒、嫉妒、狂妄等，其中，与孤独感密切相联的是害羞和恐惧。害羞和恐惧往往会使人产生逃避行为，从而避开与人交往的情境，离群索居，封闭自我。到了你们这个时期，你们的人际关系的特点也随着不断地发生着质的变化，主要表现在从精神上脱离对父母或成人的依赖，自我意识的进一步发展和完善，以及对成人权威的抵触和反抗，竞争和对抗的激化等方面。

在很多人的印象中，卢朋是一个很不爱说话、性格相当孤僻的孩子，在学校他很少和老师说话，同学们和他说话时，他也很少与人交谈，这对同学们和他之间的沟通产生了很大的影响。对于这些问题学校老师和她的家长进行了了解，原来卢朋在家里也是如此。卢朋的妈妈是养花专业户，平日里忙于整花、卖花，一天从早忙到晚，与孩子相处的时间很少。卢朋的爸爸又经常出差，在家团圆的日子都很少，所以卢朋从小就很少和父母说话，也很少叫妈妈，从来没有带朋友或同学到家里玩过，到现在也是一个人玩。

人的身心要想处于正常状态就需要不断地从外界获得新的刺激。由于你自尊心的增强，它们与你生理、社会性发展的不平衡相互作用，导致你特有的闭锁心理，并因此而产生出孤独感。你们产生孤独感的原因主要是以下几方面：

1. 独立意识差。独立意识是一种向外的力量，你们处于身心健康全面发展的时期，是从不成熟走向成熟的过渡时期。此时，自己的社交和实践范围也在逐渐扩大，各方面的思维能力也在迅速增长，于是不愿再盲目地依从父母，而是积极地用自己的眼睛观看世界，感觉自己长大了，不需要依靠父母了，但残酷的现实又让你们觉得心惊胆战。为了摆脱这种困惑，大多数青少年朋友积极和同龄人交往，做个彼此间的了解。但也有一部分青少年朋友不屑于与同龄人交往，害怕被骗从而转向自闭。

2. 不当的自我评价。有些青少年朋友往往对自己的评价过低，这样不仅会产生自卑心理，还容易因缺少朋友而产生孤独感。而有些青少年朋友在自我评价过高时，都比较清高，看不起别人，这种类型的人在交往中一般表现为不随和、不合群、不尊重他人，容易引起别人的不满，因此，过高自我评价的人往往因缺乏朋友而感到孤独。

3. 自我意识比较差。自我意识是一种向内的力量，在你们这个时期，自我意识开始觉醒并逐渐建立，产生了了解别人内心世界并被其他同龄人接受的需要。你们很关心自己在他人心目中的地位和形象，重视他人的评价。他们会将自己隐藏起来。一方面他们觉得自己心中有很多秘密，又不愿告诉别人；另一方面他们又渴望别人能真正了解自己。这种需要得不到满足时，便会陷入惆怅和苦恼，产生孤独感。

走出自己的世界，摆脱孤独

孤独感会使你们产生挫折、寂寞和烦躁等，严重的甚至有厌世轻生的念头。所以，你们应学会打破心理枷锁，消除孤独感。具体方法如下：

1. 多和父母沟通。你要多了解、多学习成年人的优点和长处，如果遇到不开心之事，可以向父母诉说，也许可以得到很好的解决办法，这样不仅可以增进父母与子女之间的感情，还可以减少与父母之间的代沟。

2. 要克服自卑。你因为自卑而觉得自己各方面都不如别人，所以不敢与别人交往，时间久了就造成了孤独。其实，人和人之间是不可相比的，每个人都是不一样的，每一个人都有自己的长处和短处。所以，有孤独感的你要自信起来，走出孤独的困惑，从而克服孤独。

3. 多做好事。星期天帮助自己的父母做一些力所能及的家务，在放学的路上，遇到老人或残疾人了，帮助他们过马路。这样不仅可以排除孤独感，还可以净化心灵。

4. 朋友是最好的良药。开放自我、真诚、坦率地把自己交给他人。交往是一个相互沟通的过程，所以别人也会对你以诚相待，如果你感到孤独或需要关心时，可以主动接近别人、关心别人，别人也会以同样的真诚对待你的，如果你的朋友离你较远，你可以翻翻旧时的通讯录，给久未联系的朋友写写信。这样不但扩大你的社交面，还融洽了人际关系，孤独感自然就会消退了。要注意，和朋友

125

的联系，不只是在你感到孤独时所要做的事，你要知道，别人也和你一样，也需要体会友谊的温暖。

5. 培养广泛的兴趣、爱好。学会为自己安排丰富有益的业余活动，把思想感情从孤独的小圈子里尽快解离出来，全身心地投入到高尚的活动中去。如游泳、打球、跑步等体育锻炼，既可以松弛你的心情、也可缓解孤独感，同时还可以得到激励。

6. 享受大自然的美。如果遇到挫折或心情不好时，此时又不愿向别人倾诉，可以到公园或田野里散步，用一丝丝的清风吹走你的坏心情，慢慢地心情就会开朗起来。要知道生活中有很多活动是充满了乐趣的，只要能充分领略它们的妙处，就能消除孤独感。

孤独绝对是可以克服掉的，只要我们愿意从自己的世界里走出来。相信，当我们走出孤独的那一刻，便会发现，外面的世界原来是如此精彩，生活是这么美好，你们就会问自己：自己以前是不是很傻啊？

3. 克服依赖心理的策略

依赖心理是中学生普遍存在的一种心理，拥有依赖心理的人生活中处处依赖他人，经常需要他人的帮助和指导，不够自立、自信、自主。人在天地间行走应该是独立的，作为一名中学生，跨进青春之门，进入青春期，头脑中应具备一定的独立意识，这种独立意识外在的表现首先就是要自己的事情自己做，克服对他人的依赖。

现代社会，独生子女的家庭越来越多，你们自幼就是在6：1的重重关怀之下成长的。也许你就是其中之一。在家里，父母、爷爷奶奶、外公外婆都视你为宝贝，自己生活的一切均由父母包揽，生活中从没有为自己的事情考虑过，全部听从父母的安排，这样就养成了你的依赖心理。抑或者，从小你就比较自卑，总认为自己不如他人，如知识贫乏、能力不强、笨嘴拙舌等等；于是，你遇事往往犹豫不决，缺乏自信，总需要他人的帮助和指导，很难单独进行自己的计划或做自己的事。久而久之，也容易养成依赖心理。

依赖心理——人生第二断乳期的普遍心理

其实，依赖心理在中学生当中是比较普遍的现象之一。曾有报道说，一个孩子面对没有剥壳的鸡蛋竟不知如何下口，因为平时都是父母剥好壳送到嘴边的。这样的说法也许有点夸张，但也从某些方面反映了当代社会中一些人尤其是未成年人依赖性比较强这个事实。

对于你们来讲，跨入青春之门，就意味着进入了心理断乳期。在这一时期，随着身心的发展，你一方面比以前拥有了更多的自由，另一方面却担负起比以前更多的责任。然而，由于从小受到父母的过度溺爱和娇纵惯养，使得自己不懂生活的艰难。所以面对这些责任，你感到胆怯，因为你已经养成了做事靠父母的依赖心理，缺乏独立生活和处理问题的能力。或者你由于自卑，在日常交往中，不自觉地就总把自己放在配角位置，心甘情愿地受他人的支配，这也是严重的依赖心理。总之，这些特征概括来讲就是在心理成长上不够自立、自信、自主。

李丽芳是重庆某中学的一名学生，中考过后，她对自己的估分感觉还不错，估计上她心目中的那所市重点高中是没有问题的。然而在兴奋之后，她又泛起了淡淡的焦虑。她家离市区比较远，如果到那里上学的话，肯定就要住校了。那么她发愁的问题就是，要离开家人了，自己的生活该怎么办呢？因为从小到大，她除了在学校认真学习，学业成绩很好外，什么都不会做。不会洗衣服，不会照顾自己，从来都是饭来张口，衣来伸手。甚至连要穿什么衣服她也经常向正在厨房忙碌的妈妈喊："妈妈，我今天穿哪件衣服?"，"妈妈，穿哪条裤子?"，"穿哪双鞋?"。马上就要单飞了，李丽芳隐隐感到对即将开始的新生活的担忧和恐惧。

像李丽芳的这种情况，青少年朋友们的生活中肯定也遇到不少。这一方面是由于教育体制的原因。许多莘莘学子在寒窗苦读十来年中，都沉浸在学习分数的拼杀上，往往忽略了自立自理能力的培养。所以，面对人生的第二次断乳期，李丽芳出现的恐惧依赖心理似乎也是在情理之中。心理专家分析，中学生的依赖心理主要表现在两个方面：

第一，凡事没有主见，总觉得自己能力不足，难以独立，处事优柔寡断，遇事总希望父母或师长为自己作个决定，想个办法；

第二，总喜欢和那些独立性强的同学交朋友。因为自己希望能在他们那里找到依靠，找到寄托。在学习上，喜欢让老师给予细心指导，时时给自己提出些要求，否则，自己就会茫然不知所措。而在家里，一切都听从父母的安排，甚至连自己的穿戴也没有自己的主张和看法。

专家分析，对于你们的这种依赖心理，如果不能得到及时纠正，发展下去就有可能形成依赖型人格障碍。因为依赖心理是一种消极的心理状态，它会对中学生个人独立人格的完善，自主性、积极性和创造力的发展造成不利影响。人总是要独立生活的，依赖性过强的人在需要独立时，可能对正常的生活、工作都感到很吃力，内心缺乏安全感，时常感到恐惧、焦虑、担心，很容易产生焦虑和抑郁等情绪反应，这些都会影响到身心健康。而且，通过生活中的例子我们也发现，依赖性较强的你在长大后一旦失去了可以依赖的人，往往就会不知所措。所以，当你开始跨入青春之门的时候，一定要具备一种独立意识，正所谓"自己的事情自己干"。

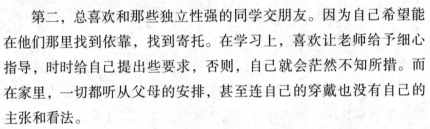

自己的事情自己干，无需依赖他人

人是万物之灵，而人之所以能够脱离动物界成为万物之灵，就是因为人类身上所特有的独立性。你要意识到，一个依赖别人的人，其实就意味着放弃对自我的主宰。这样的人容易失去自我，在遇到问题时，容易人云亦云，随波逐流，这样往往就不利于自己独立人格的形成。

那么，面对自己的依赖心理，你们究竟该如何改正，如何做起呢？首先，你们要认识到，依赖心理的形成是一个长期的过程，并且它是多种因素相互作用的结果。所以一个人要想克服自己的依赖心理，也并非朝夕之事，而是应该多角度、长时间地攻克它。具体来说，应该先从以下两方面做起。

第一，正确认知自我，充分认识到依赖心理的危害。

每个人都有自己优点和缺点，只有正确的认知自我，才能在发现自己的缺点和缺陷时，不把它们当成包袱背起来或是压在心头，才不会否定自己、肯定他人，对他人形成依赖。而要做到这一点，则必须先在心理上接纳自己、肯定自己，相信自己可以独立，自己的事情完全可以自己干。

第二，自己的事情自己干，逐渐增强自信心。

要克服依赖心理，最重要也最为关键的一点就是：自己的事情一定要自己做。就算是自己没有做过的事情也要锻炼做。从你决定要克服依赖心理的那一刻起，你就要纠正平时养成的不良习惯，提高自己的动手能力。比如平时在学校中，可以主动要求担任一些班级工作，使自己有机会面对问题，独立地去拿主意、想办法，以增强主人翁的意识。在学习上，多向独立性强的同学学习，不要什么事情都指望别人，遇到问题要做出属于自己的选择和判断，加强自主性和创造性。除了学习之外，还要多参加集体活动，学会去帮助他人，以增加自信心。在家里，自己能干的事情一定要自己干，千万别什么都推给父母，自己当个"小地主"。

没错，生活中，我们每个人都会需要别人的帮助，但别忘了你们也要发挥自己的主观能动性，大事可征求他人意见，但那也仅供参考。当你真正从对他人的依赖关系中解脱出来的时候，你就会有一种感觉——一种踏实的感觉，它让你感到一种自信的力量，让你享受到自主、自立给自己带来的喜悦和鼓舞。而那时，依赖心理也就无从立足了。

4. 克服虚荣心理的步骤

所谓虚荣心理，是指表面上风光无限而内心却是畸形痛苦的一种不良心理。青少年的虚荣心是一种追求虚表的性格缺陷，是一种被扭曲了的自尊心。过分的追求虚荣是一种不良的心理反应，其本质是谋私利己的情感反映。每个人都需要自尊，都希望得到他人和社会的认可。但是，虚荣心强的人往往不是通过自己实实在在的努力，而是利用撒谎、投机等不良手段来获取虚名的。

虚荣就如浓厚的乌云，它会挡住灿烂的阳光而使人蒙受虚伪的阴影；虚荣如波涛汹涌的河水会冲断人生的桥梁，使人犹豫不决、徘徊不前。据调查统计，大多数青少年朋友都有虚荣心的表现。这种现象严重驱使了你的不良心理，使你们丧失了生活的基础，被扭曲了的自尊心呈现出了过分的虚荣表现，这是他们追求虚表的性格缺陷，从而使你们陷入勾心斗角的氛围中，因为一个人的虚荣心和另一个人的虚荣心是不能共存的，这是为了取得荣誉而表现出来的一种不正常的社会情感因素。

虚荣心理，有害无益

你一旦有了虚荣心，就如夏天突然袭来的狂风暴雨，它会毫不留情地吹走你的谦虚谨慎、自知之明、沉着稳健，以及那颗纯洁明静的心。它会给你带来骄傲自大和盲目追求的心理，让你像棉絮那样漂浮不定，始终找不到目标，到最后你还是失败了。青少年朋友，不妨翻阅一下历史，从中你就会发现许多因为虚荣而功败垂成的人。

孔雀是动物界里最美丽的，它有金黄和青翠的长尾，这一点是任何画家都难以描绘的。孔雀生性爱嫉妒，它要是看见别的动物穿着华美了就会去追啄它们。孔雀很珍惜自己的尾巴，在深山老林里栖息的时候，它首先要选择搁置尾巴的地方才安身。

有一天下雨了，雨水打湿了它美丽的尾巴，捕鸟的人马上就要过来了，其他动物都不约而同地飞走了，可它还是只顾自己美丽的长尾，不愿意飞走，最终被捕鸟的人捉住了。

故事中的孔雀就是为了贪图虚荣而送上了自己的性命。其中也隐喻现实生活中的人们为了那些没有意义的"美好理想"而牺牲了自己的生命和自由。这些行为都是虚荣心过度的表现。

有着强烈虚荣心的人，总根据个人的私欲去追求一种表面的、暂时的、虚伪的效果，甚至弄虚作假、敲诈骗取，这种不理智的行为完全丧失了自身的存在价值，其目的就是为了取得所谓的"荣誉"和引起别人的注意，进而得到周围人的赞赏和羡慕。简单地说，虚荣就是对道德荣誉的一种反动表现。

你们产生虚荣心的原因有以下几个方面：

1. 爱面子。处在经济繁华的年代，有很多青少年朋友都非常爱面子。你们会在朋友或同学面前说出很多不合实际的话语，你们也会为了能实现自己的话而做出许多不合常理的事情来。这种现象严重影响了青少年的道德观。

2. 攀比心理。攀比心理对你的身心健康是极为不利的。你盲目的和其他同学攀比，这种现象很容易使青少年产生自卑、失落、嫉妒等等负面情绪，在攀比之下其心理难以得到平衡，就会不断地埋怨自己、认为自己无能。越是这样就越掩盖自己的缺点，所以其虚荣心就越强烈。

3. 不良性格导致。你比较外向，性格活泼开朗，比较善于交往。因此，这种类型的你为了引起别人的注意，喜欢在公共场合中表现自己，也就是爱出风头。而那些性格内向的青少年，由于不爱说话，但又害怕别人瞧不起自己，于是经常说出一些虚荣的话来掩饰自己不自信的内心，为了得到他人的信任就会做出虚荣的行为。还有你因为学习成绩不好，就会用夸耀自己的家里很有钱等方式来获得心理的平衡等等，这些不良的行为严重地恶化了青少年朋友们的纯洁心灵。

4. 不正确的价值观。由于你对道德品质认识得不够深，对人格的重要性不明了的状态下，就会盲目地追求或显示自己的虚荣心，这种庸俗的思想行为往往只能迎来鄙视的目光，而受不到别人的尊敬和信赖。

摆脱虚荣，完善自我

从心理学的角度上来看，虚荣心是一种追求虚荣的性格缺陷或被扭曲了的自尊心。每个人都有自尊心，并且都希望能得到别人的认可，这是正常的心理需求。换个角度来看，虚荣心是不道德的社会心理病态，它常常使青少年们做出不成熟的不良行为。因此，青少年朋友克服虚荣心是非常必要的。

1. 你要认识虚荣心的危害。虚荣心较强的人，在心理上往往是自私、虚伪、欺诈的，这种表现与谦虚谨慎、不图虚名的美好品德是格格不入的。这种人从来都不思进取，对于自身的缺点总是想方设法去遮掩，而不是去改正。他们会为得来的赞赏而沾沾自喜。

2. 你要把握好攀比的分寸。你要保持清醒的头脑，面对现实、实事求是，根据自己的实际情况出发，认真地处理自己的事情。摆脱那些过于虚荣的心理困惑，克服盲目攀比心理。不要因为自己的某方面不如别人就靠试图找自己的长处来掩饰，要学会正视自己的不足，要知道立足于社会不是通过攀比个人价值来实现的。

3. 你要树立正确的荣辱观。在这个社会上，对于自身价值的实现离不开社会现实的需要，青少年必须把对自身价值的认识建立在责任感上，对于那些荣誉、地位、得失要用理智的心态来面对。人生在世，要有一定的荣誉与地位这是正常的心理需要。但是，一定要正确理解权力、地位及荣誉的真正内涵。才能从中获取人生中最重要的东西。

4. 你要有高尚的道德情操。高尚情感的获得要用道德品质来规范自己的言行，用高尚的道德品质或人格来战胜虚荣心，洁身自好，重品德。同时青少年朋友们还要正确对待失败和挫折，必须要从失败中吸取教训，从挫折中总结经验，并通过自己的艰苦奋斗，努力克服前进道路上的困难和障碍，树立起高尚的道德情操，这样才有可能实现自己的远大理想和抱负。

最后，你战胜虚荣心的主要方法就是要不断提高自己的修养、完善自己的人格、在困难和挫折中总结经验，从而走向人生的最高点。

对于虚荣心的克服，将使你们对自身的认识和改造上升到一个新的高度。当你们认识到了实实在在的自己之后，就会感到自己的奋斗似乎有了更明确的方向和更充实了。

5. 克服害羞心理的技巧

羞怯是青少年常见的一种逃避行为，它的表现形式是多种多样的。经常看到这种现象：有的人在路上碰到熟人因怕羞故意躲避；有的人不敢在大庭广众之下讲话，一讲就会手足无措、面红耳赤。在心理学上都称为害羞心理。

羞怯的心理每人都会有，只是轻重不同而已。从心理学角度看，羞怯是内心深处的胆怯、自卑、不自信等常见的外在表现。时间久了，会形成紧张、焦虑、恐惧等不良情绪，这种情绪会潜移默化地影响你们与他人的沟通与交流，使你们得不到健康的成长。

害羞心理——自己与自己为敌

你们产生羞怯心理大多数是由于性格内向，怕见生人，不愿与他人交往，不愿与同龄人一起玩耍，不愿在公开场合抛头露面，总是喜欢一个人默默地呆在一旁，尽量不引起他人的注意。经心理学家研究表明，青少年进入青年期以后，不仅注重自我形象，而且还注重别人对自己的看法，关心自己在人们心目中的形象。但如果这种想法过于超出常态，久而久之，便会成为一种心理上的束缚，以至于不恰当地约束自己的言行，怕与人交往，怯于在公开场合讲话。即使在和他人交往时，也会表现得无所适从、语无伦次，不但不能畅所欲言，反而过多地约束自己的言行。有时在和朋友交谈中不能坦率地表达自己的思想感情，造成难以与他人进行正常的交流和沟通的结果。

"小凯从小就非常内向，平时见人就脸红，更为严重的是，几乎不敢在课堂上回答问题。每当老师上课提问时，他都把头埋在书里，不敢抬头与老师的目光对视。而一旦被叫起来回答问题，就站也不是，坐也不是，有时还浑身发抖。一次班会上，老师要求他上台给大家唱首歌。他低着头半天发不出一点声音，虽然大家鼓掌给他激励，但最终他还是一声不吭地从台上跑了下来。"

随着你的年龄增长，有的青少年朋友在心理开始产生各种各样的思想烦恼。然而，羞怯就是主要原因之一。青少年产生羞怯心理的具体原因如下：

1. 家庭环境的影响。据有关人士调查，大多数有羞怯心理的青少年，因父母自己就存在羞怯情绪。有时，在别人面前说话或办事表现得畏畏缩缩。另外，父母经常打骂或责备你，这样不仅使你缺乏交流和亲情，还会让你觉得自己比别人低一等，由此产生羞怯自卑的心理。

2. 害怕心理。有的青少年朋友特别害怕别人的亲近，对别人不信任、多疑，担心接触多了被别人知道自己的内心世界。

3. 个性差异。因为你们每一个人的个性气质都不相同，有的内向、害羞、退缩；有的则是活泼、大方。如果你生性内向、害羞或胆小，必然比较容易怕生。

4. 对环境的适应。对现在激烈竞争的社会环境不适应，缺乏特殊的社交技巧，无法进入社交氛围，从而产生羞怯的心理。

5. 缺乏自信和实践锻炼。有些人总认为自己没有迷人的外表，没有过人的本领，属于能力平平之辈，因此他们在交往中没有信心，患得患失。长期的谨小慎微不仅使你们体验不到成功的喜悦，而且使你们更加不相信自己的能力。加之多数你们的学生生活环境比较顺利，缺乏实践锻炼的机会。这些往往是导致害羞的重要的原因。

坚定信念，克服害羞

害羞不能成为一生的负担。害羞的人可以尝试着融入一个新的社交环境，逐渐克服害羞心理。那么，应如何帮助青少年克服害羞

135

心理呢？

1. 提高自信心。你们羞怯的根源是你们看不到自己的优点和长处，总认为自己无知无能，害怕不能给别人留下好印象。其实，现实生活中，每个人都有自己的优点和缺点。你要善于发现自己的特长，并很好地发挥，从而提高自信心，克服羞怯心理。

2. 提高自己的社交技巧。羞怯的人，总会担心别人瞧不起自己而不去交友。这时，就应该多结交朋友，在生活中找个没有羞怯心理的伙伴作为自己学习的榜样。另外，还要多参加有益的公众活动，如果能够找到自己感兴趣的活动，就会很容易摆脱羞怯心理。

3. 挖掘自己的特长，以使自己在某个领域中成为最优秀的。有

很多青少年朋友因为孤陋寡闻、平庸无能，造成与别人没有话可说，并且对自己的成就也不欣赏。如果你在某个领域中掌握常人所没有的知识和技巧，就会因为自己的一技之长而增加自信心，从而，结交更多的朋友克服羞怯心理。

4. 勇于和别人交往。向经常见面但说话不多的人如邮递员、售货员等问好。与人交往，特别是与陌生人交往，要善于把紧张情绪放松。使用一些平静、放松的语句，进行自我暗示，常能起到缓和紧张情绪，减轻心理负担的作用。

在这个世界上有很多著名人物都曾有过羞怯心理，如美国前任总统卡特及他的夫人、英国的王子查尔斯、著名的女影星凯瑟琳·赫本等都曾坦率地承认自己曾经是一个十分怕羞的人。可是，经过他们有意识的磨练，最终克服了羞怯心理，取得了令人瞩目的成功，最后都成为了社交界的明星。所以，有羞怯心理的青少年，只要拥有坚定的信念，用持之以恒的态度，就能克服羞怯心理。

也许你们并不能一夜间就能完全克服羞怯心理，也许你们内心深处仍感到害羞。但是，只要你们能够不断和人们沟通，努力锻炼

自己，那么就能拥有自信与大方的笑容。

6. 克服自私心理的办法

自私是社会中普遍的病状心理现象。"自"是指自我的意思，"私"是指自身的利益。"自私"就是只顾自身的利益，不顾他人、集体和社会的利益，这是一种病态社会心理。一般有自私心理的人主要表现在不讲理，把自己的东西看得最重要，不管别人的利益是否受到损害。

一般情况，自私的青少年朋友嫉妒心很强，心中只有自己根本容纳不下别人。黑格尔曾说"嫉妒是平庸的情调，是对卓越才能产生的反感"。如果谁的能力比你强并取得了好成绩，甚至容貌、身材等超过你，你就会感到不舒服，就会想办法诬陷或为难比自己强的人。这种不良的心理现象害人又害己，严重地影响了你的身心健康。

自私心理，损人利己

自私的人会斤斤计较个人的胜败得失，整天处于小算计之中。如此一来，就难以把目光投向远大的人生目标，自然也就难成大气。也就是说自私会消磨意志，使人不会有大的作为。

自私会损害同学之间的人际关系。一个过于自私的你是不会乐于帮助别人的，因此你也往往不会得到别人的帮助、得不到关心和爱护，相反，很多同学和朋友可能因为你过于自私而疏远你、蔑视你、敌视你。这样，你就会觉得孤立无援，就会丧失对学习、对生活的乐趣。

韩女士感冒发烧好几天了，全身一点力气也没有，女儿不仅没关心问候她，每天还像往常一样等着她做饭、泡咖啡、冲牛奶，而且不管费事不费事，仍点着要她做自己平时爱吃的饭菜。她想责怪女儿不懂事，但一想到女儿每天学习那么紧张，到嘴边的话就没说出来。但让她没想到的是，星期天女儿突然来了兴致，要去郊游，还生拉硬扯着要母亲陪自己一块去。韩女士此时头晕无力，对女儿说："娟子，妈实在去不了，妈妈下地走几圈都没力气，要不你自个去吧。"谁知女儿一跺脚，任性地说："妈！你平时不总说是为我活着嘛！我就要你去！叫我一个人去游东湖，想照张相还得求别人，一点儿意思也没有！"

韩女士说："娟子，妈真的去不了。"

"去不了也得去！"女儿蛮横地说。

母亲拗不过女儿，只得陪女儿一起去十几公里外的东湖，结果回来就住进了医院。

自私是一种自我保护的本能，是一种下意识的反应。青少年朋友大多数都有不同程度的自私倾向。有人说自私是人的本性，与心理健不健康没有关系，他们多是受"人不为己，天诛地灭"观念的影响。其实，有自私心理的青少年朋友主要是因为当周围人的能力比自己强或是取得了好成绩时，你内心会感到很难受，就会想方设法诬陷、诋毁、为难比自己强的人。这些多是因家庭教育方式的不得当和社会的消极所影响，导致有些青少年朋友一直停留在有我无他的阶段，并没有把主观原因和客观原因统一结合起来。这种以自我为中心的意识在你的行为表现上都是自私和没有责任感的。

你们自私心理的原因：

1. 嫉妒别人。一般自私的你嫉妒心很强，对别人的不满心理很是严重，想着别人这样了，为什么我就不能这样。这就严重影响了你的心理健康。

2. 家庭环境的影响。现在的独生子女几乎都不同程度地具有自私的问题。由于是家中唯一的子女，于是集父母爱于一身，甚至垄断了父母的整个身心。家里有什么好吃的东西都先你一个人享用，有什么要求家长就尽量满足，久而久之，自然而然地养成了自私的毛病。加之没有兄弟姐妹，缺乏合作、分享、谦让、奉献等集体生活的经验，容易形成以自我为中心的思想观念。

3. 受父母的言谈举止。成长时期的模仿能力都很强。有这样一则笑话，一对夫妇对自己的儿子百般疼爱，而对父母却万般挑剔，有一天，这对夫妇的恶劣行为被他们的儿子看到了，孩子大声叫着说："我记住了。"父母紧忙地问他记住了什么，儿子说："记住你们怎样对待爷爷奶奶，长大了我就怎样对待你们。"父母一时不知所措。由此可见，成人自私的言行严重地影响了青少年健康心理的形成。

4. 社会原因。现在的社会中，流传着这样的话：人不为己，天诛地灭。这确实是一种普遍的现象。如果你不自私，那么就会被别人抢先或者自己根本就没有机会，而你的认知力不是很强，很容易受这种思想的影响。

调试自私心理，拥有宽阔心态

自私是不健康的自我观念。自私就是站在自身的利益上考虑问题，把自己的利益和意愿放在首位，从不顾虑别人的感受，更有甚者会为了自己的利益而不惜一切代价伤害他人的自尊或荣誉。多表现在心胸狭隘、斤斤计较、缺乏同情心和爱心等。

自私这种病态心理严重地腐蚀着青少年的心灵。因此，你要学会调适自私的心理。

1. 培养自身的集体荣誉感。自私是指自身的言行举止只考虑自己的利益，不顾及社会和集体的利益。有这种心理的你，往往集体观念比较弱，只为个人的前途和利益着想。如果你能通过自省，来反思自身的某些心理现象，从自己自私行为中看到不良后果和危害，从而改正自己的错误。处处为他人和集体着想，尊师守纪，勤奋学习，慢慢地就走出自私的心理。

2. 取消自己在家中的"特殊"地位。在日常生活中，尽量不要给自己一些特殊的待遇，对于内心的需求只是适当地给予满足自己，让自己知道所有的人都是平等的，久而久之，就消除以"自我为中心"的自私心理。

3. 要学会尊老爱幼。你在享受时要先考虑长辈，比如在吃饭时，为长辈夹菜；舒服的位置让给长辈坐；别人对自己服务时要对此表示感谢；如果别人遇到困难时，自己要尽可能给困难的朋友提供帮助。多做一些好事，在自身的行为中纠正以前那些自私的心态，从他人的认可和赞同中获取乐趣，使自己的心灵得到净化。

4. 与朋友一起玩耍。在和朋友在一起玩时，把自己的玩具和图书拿出来，和朋友一起分享，时间长了，就会养成团结友爱、相互谦让的好品德。

5. 自己不要无理要求。有时候你会提出一些无理和不切实际的要求，此时，自己必须坚决地杜绝。

6. 要主动承担家务劳动。你在家时要多做些力所能及的家务劳动。例如：整理自己的房间、洗衣服、为下班回来的爸爸妈妈倒杯热水等。这样不仅能体验到父母的艰辛，还能培养自己热爱劳动的习惯和独立自主生活的能力，从而克服自私的心理，让自己拥有一个宽阔无私的心态。

要克服自私的心理，就要提高自己的涵养，树立正确的人生观，遇事多考虑点别人，少想点自己，不要认为别人活着都是为了自己。要学会宽容别人，谅解别人，不要自以为是，对别人给自己的伤害不要总是伺机报复，而应该宽博仁爱，与人为善。

7. 克服自闭心理的措施

自闭是青少年走进青春期最常见的现象。通常情况，自闭的人表面上对生活中真正打动他们内心的人或事，装作视而不见，但内心却充满了矛盾和痛苦，并又强烈地渴望得到别人的理解和信任。这种由自闭心理所产生的痛苦，远远比其他痛苦更令人难以忍受，甚至会产生消极情绪，甘于堕落。

青少年朋友们造成自闭的原因是随着你们身体内部性本能的启动，如少女的月经来潮、少男的遗精出现以及身体外形和第二性征的变化，使青少年不断产生苦恼，也使你们经历了以前从来没有过的内心体验，在你们身上充满了自己无法解答的谜。此时的你们意识到自己的软弱，一方面想努力掩饰它，同时又希望能找到倾吐的对象和安慰，这实质是自我意志薄弱的流露。

自闭——对自己无形的惩罚

由于自我意识的不断发展，你开始把注意力集中在自己的内心感受上，从而意识到自己的思想、情感和其他不同于他人的心理特点。同时，由于社会生活经验的逐渐丰富，你们开始意识到人与人之间存在着心心相印和心理不相容的差别。你愿意对知心朋友倾吐自己内心的秘密；瞧不起那些用导师的口吻对你们说话的人，并且不愿意与这种类型的人进行交流并透露自己的内心世界，长期以来便形成了自闭心理。

有一个叫李刚华的学生是班里的三好学生，他本身有点口吃，因为一次语文公开课，他不能顺利地回答老师的问题，使同学哄堂大笑，他的自尊心受到了严重的伤害。此后，李刚华就对什么都不感兴趣，独自烦恼，从不跟别人讲话，把自己封闭起来，有时还把怨气发泄于砸烂公物，写攻击老师的标语等行为上，一年后，他从一名三好学生变为班上的差生。

李刚华的转变就是在向我们说明由于某种原因所造成的自闭是极为不利于你们的身心发展的。

如同李刚华或其他各方面的因素造成自闭的青少年朋友们，虽然仍和过去一样生活着，但你们在父母和朋友中间，却时常感到莫名的孤独。你们感到虽然可以与周围朋友谈论共同的话题，但对自己来说最本质的问题是谁也不能理解自己；虽然可以向父母长辈倾诉自己的困惑，但又可能因此而暴露自己的内心秘密。于是你们中有相当部分的人开始把心里话"对自己说"或"对日记本说"，向同学和师长隐匿秘密。不仅如此，你们还往往把一切弄得都很神秘，你们希望有单独的房间，要有能上锁的抽屉，在夜深人静之时，在属于自己的小天地里冥思苦想，探索自己的秘密以体验新的价值，逐渐认识自己。

另外，由于你们这段时期不仅身体上有了变化，你们的心理也在随着身体的变化而变化。从年幼无知的儿童到身心开始发育的少年，你们懂得了什么叫面子，什么叫自尊自爱。人类的内心世界本来就是由细腻的感情凝聚而成的，而这种感情又如此脆弱，你们的感情更是如水晶一样不堪一击，别人的一句话，一个动作有时都有可能给你们造成巨大的伤害。因此，你们产生自闭心理的原因如下：

1. 是由于逃避心理所产生的。自闭行为与生活中所受的挫折有关，因为你从小在家里娇生惯养，在生活和学习遇到一点挫折和打击后，在精神上就觉得受压抑，觉得周围的环境逐渐变得陌生、不可接受。因此，你们为了掩饰自己的孤僻、紧张、焦虑心理，常常远离公众场所，把自己躲在阴暗的角落里，由于不与人交往从而产生自闭心理。

2. 不愿与人沟通，常常怀疑别人。这种类型的你不相信别人，对老师和同学抱着怀疑的心态，对他们缺少信任感，存有冷漠、戒心，你尽量想方设法逃避眼前的一切，不愿意与同学打成一片，害怕与老师接触，不愿意与别人沟通，你们只愿意与自己交谈，比如写写日记，就这样自己把自己封锁起来。

克服自闭，放开心灵

你们产生的自闭心理，往往使自己与家长及老师的交往之间划起了一道鸿沟，导致家长和老师开始摸不清你们在想些什么，便产生了亲子关系紧张，师生关系紧张，影响学生间团结，给教育带来障碍，同时也阻碍了学生自身的心理健康发展。那么，怎样才能帮助自己克服自闭心理呢？其方法如下：

1. 语送春言，以目传"情"。有关学家研究表明：在和家长及老师沟通时，能解冻你们的心灵，并产生巨大的感召力，使自己回到集体，走出自闭。

2. 主动关心自己。对于自身的封闭，要经常总结自己平时的学习、生活及交往的情况，留意自己在某方面的不足及困难，并及时地学会关心自己。

3. 情感沟通。情感沟通是打通家长或教师与你们心灵的桥梁。情感可以化为巨大的沟通力量。你们要多去亲近、信赖和理解别人，理解家长和老师，让家长及教师对你抱有好感，从心理上持欢迎的态度，"亲其师而信其道"。事实上，自闭的你本身的排他心理，使自己难以与他人进行良好的沟通，情感受到压抑。所以你自己要学会融化你们内心深处的坚冰，引燃自己心灵的火焰，并消除你们对别人的戒备与敌意，从而使你们的自闭心理慢慢的被燃烧掉。

4. 多进行适当的交往。自闭的你会害怕与同学、家长、朋友、教师交往接触，因而也就缺少交往的成功经验，常常使自己处于人际关系交往中的恶性循环的被动局面。所以，培养自己的成功交往经验也应从主动交往开始：多主动地和别人进行交流，了解别人的内心想法。有意识地去靠近别人。如：养成对别人平等、互助、坦诚相待的观念，锻炼微笑、倾听、赞美、自控的技能等，以此来提高你们的交往能力，发展个性品质，从而打开你们的封闭心理。

5. 正确地理解自我意识。自我意识就是你们意识到自我以及自我与外界的关系，并通过自身的改造，达到个人价值完善或实现的过程。其中，自我意识的具体表现便是自尊心及自信心。自闭心理的青少年，无法把自我认识、评价、体验与同学比较、协调一致，难以形成正确的"自我"概念，对自己缺乏自信。若家长及教师能用同情的态度，疏通你们的封闭心理，促成你们于别人之间的良好交流，便有利于消除你们的自卑心理，从而走出自闭。

6. 以己为榜。要在认知中了解自己，做到以自己为榜样去和别人进行沟通。这样，向别人提供了良好的自己的形象，别人会主动和自己交往，自己的自闭心理也就此消失了。

而作为青少年的你们，应信任自己的老师和家长，理解他们的一片苦心。要知道你对别人这样的封闭，怎么会取得别人的理解呢？如果这时父母进入更年期的话，你自己对问题的隐瞒封闭，常会加重他们的误解和猜疑。正确的方法应该自己找到解决自闭心理的方法。以达到帮助自己顺利地度过这一动荡时期。

解决自闭心理问题还需要回到人际交往的轨道上，只是尽量避免可能伤害自己的情形，尝试新的与人交往的方式，找到适合自己的、并且不会伤害自己与他人的方式，找到了，也就能走出来了。

8. 克服狭隘心理的步骤

狭隘，也就是人们常说的气量小，心胸狭隘。狭隘心理是许多不良个性的根源，如：嫉妒、猜疑、孤僻、神经质等。目前，青少年普遍存在着心理脆弱的现象，经有关专家研究，其根源多是由于心胸狭隘。

青少年的狭隘心理主要表现是，当你们受到一点困难和委屈便会斤斤计较、耿耿于怀。有些青少年朋友听到老师或父母两句批评就接受不了，甚至失声痛哭。你们只能听好听的话而不能听坏的话，只能接受成功而不能接受失败，如果稍微遇到一些坎坷和不如意，就出现过激行为，导致害人又害己。你对学习和生活中的一点小失误就寝食不安，自认为是莫大的失败和挫折。心胸狭隘会降低人耐受挫折的能力，情绪也不佳，无法健康地与人交往。因此，狭隘是有百害而无一利的，所以，你要改变这种不良的性格。

狭隘心理，害人又害己

具有狭隘心理的你很容易出现认识上的片面性，看问题绝对化和极端化，一有问题就固执己见，容不下有悖于自己观点的人或事，稍不如意就发脾气，导致情绪上的冲动和行为上的莽撞。有的把攻击对象指向自己，出现自卑行为；有的把攻击对象指向别人——同学和老师，出现暴躁、敌对情绪，甚至做出过激的行为。容易把目光投向自己，以自我为中心，唯我独尊，固执己见，处处都从自己的利益出发，在平常的人际交往中极力排斥"异己"。容不下别人比自己强，嫉妒超过自己的人，你们往往只愿意与不如自己的人交往，其结果导致自己交际圈缩小，失去向别人学习长处的机会。时间长了，必然带来孤独、寂寞和空虚的困扰。如果这种个性缺陷恶性膨

145

胀，容易导致心理障碍。

肖岩在他们班上是个学习尖子生，各门功课的成绩都名列前茅。但是，他为人心胸狭窄、心眼小，整天疑神疑鬼。同学说句悄悄话，他怀疑人家是否在说他的坏话。老师在讲课的时候偶尔多看了他几眼，他疑心老师是不是对他有成见。有一次班上组织郊游，老师开始说让肖岩负责总策划，制定游戏活动的具体方案，包括英语猜谜、智力排雷、诗词联句和攀登高峰等。后来老师考虑英语猜谜的难度比较大，肖岩的英语比较好，就让他专门负责这一项活动，而让他同桌的女同学章孟担任了总策划兼活动总指挥。肖岩怀疑一定是章孟向老师说了他的坏话，他才失去了这次表现自己才能的绝好机会。

你在成长的过程中受多方因素的影响而形成狭隘心理，这一现象严重影响了你的学习和交往，成为身心发展的障碍。

1. 家庭因素

你狭隘思想的产生同家庭中不良因素的影响有很大关系。父母狭隘的心胸，为人处事的方法，不良的生活习惯等对子女有潜移默化的影响。有些子女狭隘的性格完全是父母性格的翻版。另外，优越的生活环境、溺爱的教育方法往往易造成子女任性、骄傲、利己主义等品质，自然受点委屈便耿耿于怀，对"异己"分子不肯容纳与接受。

2. 没有宽阔的思想而产生的狭隘心理。你由于年龄小、缺乏与社会接触的机会，由于没有丰富的知识经验和生活经验，当你们遇到问题时，容易把事情想得过于困难和复杂。由于看问题的绝对化和极端化，加上自己的能力有限，又不懂得向成年人求助而固执己见，听不进别人给予的观点和意见，稍不如意就出现冲动和莽撞行为。有的青少年朋友还把攻击对象指向自己，因此，容易产生紧张、焦虑、暴躁、敌对的情绪，严重的还会出现自伤的行为，最终导致

伤人又害己。

3. 不良行为的影响而产生的狭隘心理。有狭隘心理的你只把目光投向自己，你们有唯我独尊、固执己见的态度，做任何事情都从自身的利益出发。因此，在交往过程中极力排斥"异己"，结果孤独得一个朋友也没有。心胸狭隘的人在心里容不下超过自己能力的人，他们只和不如自己的人交往，追求少数朋友间的"哥们义气"，结果因为交际圈子小，出现孤独、寂寞和空虚的困扰，最终形成不良的心胸狭隘心理。

4. 长时间的封闭的生存环境。每个人的心理都是对客观现实动力的反映，然而，人的性格和品格都是由生存环境相互影响的结果。如果一个人与环境交流得越多，那么你的开放心理就越大，心胸就越开阔；如果一个人生活在封闭、抑郁的环境中，那么，你和环境的交流就会越少，久而久之，思想和胸怀就会变得狭隘。

克服狭隘，开阔心胸

心胸狭隘的人，往往只听得好而听不得坏，稍遇挫折、坎坷和不如意，就容易出现过激行为。对他人的伤害，同样也会带来巨大的损失，可以说是百害而无一利。那么，你们应该如何去克服狭隘心理呢？

1. 加强人生观的教育。生活在这个世上，就要充分地挖掘自己的潜能，为社会做贡献，给别人留下一点有价值的东西。一旦把眼光放在大事上，自己一时的得与失则算不上什么，对整体、全局有利的人与事就都能容纳与接受，使眼光从狭隘的个人圈子里放出去。抛开"自我中心"，就不会遇事斤斤计较，"心底无私"才能"天地宽"。

2. 确定一个积极的生活目标。作为青少年朋友，你们应为自己确立一个积极的目标，把眼光放远一些，自己的得与失也就不算什么了，遇到事情也不会斤斤计较了。

3. 增强自身的集体荣誉感。你在进行人际交往时，与别人相处要热情、直率，要善于与人团结友爱、相互帮助，要真正地融入到大集体中。经过彼此间的了解和沟通，你会更透彻地了解自己，开阔心胸、积极快乐地面对每一天。

4. 要勇敢地面对困难和挫折。在你成长的过程会遇到很多艰难和挫折，痛哭流涕是在所难免的，但是焦急和忧愁并不能解决问题，对自身的健康也不利。因此，在你遇到困难时要学会积极地面对，冷静地分析其中的缘由，根据实际情况找出合适的解决问题的方法。这样，你就会在行动中感觉到自己的进步，狭隘心理自然就烟消云散了。

5. 开阔视野，拓宽心胸。休闲时，不妨走出校园或家庭，投入到大自然的怀抱中感受一下清新的空气。可以去看浩瀚的大海，也可以去登上高山，开阔自己的视野。同时，在野外多多了解大自然广博的知识，以此来感染和激励自己。

雨果说："世界上最宽广的是海洋，比海洋更广阔的是天空，比天空更广阔的，是人类的心灵。"倘若人人都能有宽广的心灵，那么人与人之间的交流也会变得美好而和谐。抛掉狭隘的心理，学会宽容，做一个心胸开阔的人，能够提升你们的人格魅力，避免或减少发生不必要的误会。

9. 学会坚强意志的方法

坚强是一个人一生中必不可少的精神支柱。学会坚强，你会在这竞争激烈的世界中站得更稳；学会坚强，你才能从困难和挫折的废墟中解脱出来；学会坚强，在你痛苦绝望时给你增添生活的勇气

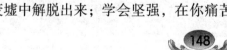

和经验。

大卫说："受苦于我有益。"现在大多数青少年都是独生子女，在家娇生惯养。加上现代素质教育的改革，很多父母都一心追求高分数，为了让孩子考上一所好大学，所有的家务父母都代劳，甚至连你们力所能及的事情也全部包办。这些现象严重地损害了你们独立自主的能力。这种衣来伸手、饭来张口的生活使你们在生活中缺乏自主和坚定的信念。在学校，由于升学的压力及学校的管理制度过多过严，使你们缺少自我教育及动手实践的机会。有很多青少年朋友的心理很脆弱，经不起一点挫折和打击，承受能力偏差，没有坚强的意志。如果你们到了新的学习环境中就难以适应新的生活，面对新的人际关系和环境感到陌生和害怕，最终导致中途退学的现象。因此，学会坚强在生活中是非常重要的，因为，苦难是人生最大的财富，不幸和挫折可能会使人沉沦，但也可能造就一个人坚强的意志，并成就一个人辉煌的人生。

弥补缺陷，锻炼坚强的意志

苦难是人生的一位良师，那些艰难困苦是磨练你们人格的最高学校。就像古人说的："天将降大任于斯人也，必先苦其心志，劳其筋骨，饿其体肤，空乏其身"。现代的青少年朋友都生活在一个富有的年代，优越的生活使你们不知道什么是贫穷和艰难。父母过分的溺爱使你们在困难面前束手无策。你要学会弥补自己的缺陷，用积极的心态面对问题，养成坚强的意志，勇敢地与困难作斗争。

我国著名的生物学家童第周，出生在浙江省的一个偏僻的小山村里。由于从小他的家境贫困上不起学，所以，他一直跟着父亲学习文化知识，直到17岁那年进入学校的大门。

在上中学时，由于他自身的基础差，因此，学业十分吃力，第一次考试他的平均成绩才50分。由于他的成绩较差学校命令他退学

149

或留级。然而，他诚恳地向校长再三请求，最后校长同意他再跟班试读一学期。如果成绩还是那么差就自动退学。

此后，他就为了这来之不易的机会奋力学习。于是，他常常与路灯相伴，五更时他就起来在路灯下读书。有时，晚上寝室灯熄后，他就来路灯下复习功课。终于，"功夫不负有心人，"在期末考试时，他的平均成绩达到 75 分，数学还得了 100 分。为此，他被批准继续上学。

后来，他凭着自己坚强的意志，刻苦钻研、勤奋好学的精神，取得了卓越的成就。

从童第周的例子你们可以看出来，具有坚强的意志对一个人来说是多么的重要。如果他没有坚强的意志，他就会被迫退学。所以，对于现代青少年来说，坚强的意志在你的成长过程中具有相当重要的作用。

青少年朋友们在成长的道路上，需要克服许多困难，抵制许多诱惑，放弃许多享受，做到这些都需要坚强意志的支持。因为，坚强的意志和一个人受到的磨难是分不开的。所以，只有你经受住生活的考验和磨砺，才能拥有坚强的意志和顽强的毅力，才会在困难和挫折中表现得镇静自若、永不退缩。克服困难的过程就是意志活动的过程，因此，坚强的意志就是在不断克服困难的过程中锻炼出来的。

坚强面对生活，快乐自己

每个人都可以让自己快乐起来，但这是一个过程，你们可以接受在这个过程中的任何变化和退缩，但是，你们最终还是要学会坚强地面对一切挫折与困难，让自己快乐起来，让自己真正活得有价值。

青少年朋友们，你们学会坚强可从以下方面做起：

1. 做到持之以恒。你学会坚强就先要学会摆脱尘世凡俗的困扰。从小事做起、持之以恒，在一定的条件下，要正确取舍、认真做事，才能不负少年心。

2. 认真地面对失败。爱迪生曾经说过："失败是我需要的，它和成功一样有贵重的价值。"青少年要拥有坚强的意志，在享受成功的同时也要品尝失败的滋味。因为在人生道路上不可能是一帆风顺的，总会有许多的坎坷和困难。只有你正确地面对失败，才能具备坚强的意志力，去克服前进道路上的种种困难。

3. 善于克制自己。你要自己坚持培养自身的坚强意志，还需要学会善于管理自己的情绪。把自己日常行为做个有条不紊的计划，然后，根据计划来管理或约束自己的不良行为，从而达到培养坚强意志的目的。

4. 在艰苦的环境中锻炼自己。著名的思想家卢梭曾说："如果人害怕痛苦，害怕疾病，害怕不测的事情，害怕生命的危险，那么，他就会什么也不能忍受的。"一个人的道德意志与品格是完全一致的，道德意志越强大品格的形成就越快。因此，坚强的意志是与克服困难相联系的。艰难、困苦和不幸是你们生活中真正的磨刀石，它是你们的力量、纪律和美德的最好源泉。所以，青少年朋友们，你们可以在艰苦的环境中锻炼自己，让自己学会坚强，克服困难，走向成功。

学会坚强就应该练就能承重的心灵，让它变得恬淡自然，不以物喜不以己悲。永远保持一份快乐的心态，把生活中的所有困难都看成是一种历练。风雨愈加猛烈，个性就愈加坚强。调节好心态，坚强才是真实的；学会了隐忍，坚强才是有力的，相信经过了生活的磨砺，坚强会如影相随。

10. 做到热忱生活的秘诀

热忱是一种发自内心的兴奋，深入人的内心的热情精神。热忱可以借由分享来复制，而不影响原有的程度，它是一项分给别人之后反而会增加的资产。你付出的越多，得到的也会越多。生命中最巨大的奖励并不是来自财富的积累，而是由热忱带来的精神上的满足。

成功的人和失败的人在技术、能力和智慧上的差别并不会很大，但如果两个人各方面都差不多，拥有热忱的人将会拥有更多如愿以偿的机会。一个人能力不够，但是如果具有热忱，往往一定会胜过能力比自己强却缺乏热忱的人。

热忱——成功的底蕴

热忱是一切成功的底蕴，也是一切企业家追求物质幸福必备的核心精神。没有热忱，不论你有什么能力，都发挥不出来。人类最伟大的领袖就是那些知道怎样鼓舞他的追随者发挥热忱的人。热忱也是推销才能中最重要的因素。热忱可以改变一个人对他人、工作以及对全世界的态度。热忱使得一个人更加喜爱人生。爱迪生曾讲过："一个人死去的时候，若能把热忱传给子女，他便等于留给他们无价的资产。"

曹南薇17岁时，正值知识青年上山下乡高潮。这一年，她患小儿麻痹，按政策不下乡，但是留城也找不到工作。那时还没有个体户。她没有父亲，和母亲相依为命。一天，曹南薇在报纸上看到关于"高能物理"的报道。17岁的她竟然心潮起伏，她把报纸剪下来，日思夜想。她想，高能物理这么重要，我能不能做点什么？就这样，她不经意地定下了自己的目标，并开始为这个目标而奋斗她把自己关在家里，一年又一年的学习初中、高中、大学、专业课程。十年后，到 *1978* 年，她 *27* 岁时，她的论文在国家级刊物上发表，引起了很大震动。随即，国家高能物理研究所接纳了她，让她的理想找到了更加广阔的天地。

在社会中，有多少像她这样的人？多数人因为没有热忱和目标，别说到 *27* 岁、*37* 岁，甚至一辈子都可能一事无成。

由此可知，热忱，使你们的决心更坚定；热忱，使你们的意志更坚强；热忱，是生活的源泉；热忱，是艺术的父亲；热忱，是伟大的母亲；热忱，是一种积极向上的力量，它促使你们立刻行动、排除万难，直到成功。

因此，青少年作为祖国的未来，作为世界瞩目的一代，要时时刻刻让自己的内心世界充满热忱，让热忱燃烧自己，带领自己走向成功的巅峰。

拥有足够的热忱拼搏努力

你在学习或做人方面要有足够的热忱，否则，将会被社会淘汰。那么你应如何拥有热忱呢？

1. 定一个明确目标

目标就是计划，给自己的人生确定一个你希望达到的场景，就是给自己一个活着的目的。有心的人只有知道自己想干什么，干成什么样，人生才有意义，才会有冲劲，才会有热情，才会有干劲，也才会成功，而这个成功的过程就叫做热忱。

2. 为目的而努力拼搏

一个人有了目标，有了人生方向，就需要行动。不要空想，在你的脑海里即使你想到了千里之外，在现实生活中没有行动，最终的结果，只能是失败，也不可能会有热忱。因此，作为一个要想有所作为的青少年，要清楚地写下你的目标、达到目标的计划，以及为了达到目标你愿意做的努力，最重要的是马上行动。

3. 正确而且坚定地照着计划去做

行动，是开始做，但还没有成功，甚至只是成功的开始。如果中间你放弃了，那么证明你的内心已经没有了热忱，而你只有正确而且坚定地照着计划去做，才能到达成功，才能为培养自己的热忱加上一分。

4. 不要盲目地制定目标

爱因斯坦有句名言："兴趣是最好的老师。"青少年朋友们，你要善于激发自身的兴趣，并根据你的兴趣尽量搜集有关的资料，来慢慢地培养它，这样你就会逐渐对事物变得热忱。而不要盲目或者因一时兴起为自己制定目标，那样的结果只能是失败，而且会把自己好不容易培养起来的热忱毁掉。

5. 目标不要太遥远

遥远的东西，是人能想到，却不一定能办到的。青少年，在培养自己热忱品质之初，不要给自己制定太过遥远的目标，而是要脚踏实地，选择实际一点的追求。

诚实、能干、友善、忠于职守、淳朴——所有这些特征，对准备有所成就的你来说，都是不可缺少的，但是更不可或缺的是热忱——将奋斗、拼搏看作是人生的快乐和荣耀。

11. 学会与人宽容相处的方法

宽容是中华民族的传统美德，也是现代青少年所应该必备的道德品质。宽容是人们生活中的快乐之本。宽容是一种仁爱的光芒及无上的福分，是对别人的释怀也是对自己的善待，你的心中能容得下多少人，你才能够赢得多少人。所以，多一些宽容，在生命中就会多一份空间和爱心。

宽容是藏在内心深处的爱心体谅，是一种智慧和力量。中国有句古话："海纳百川，有容乃大。"宽容不仅是对生命的洞见还是一种文明的胸怀。如果你宽容了别人也就等于宽容了自己，因为，它是一种非凡的气度和宽广的胸怀，它能包容人世间的喜怒哀乐，同时，也创造生命中的美丽和奇迹。所以，宽容是一个人具有涵养的重要表现。在生活中，你只有学会宽容，才会明白很多道理，才不会在做人和做事时迷失自我。

拥有宽容之心，尤其重要

现在大多数青少年朋友都是独生子女，是家庭中的主导成员。因此，你们在过度溺爱的环境下，逐渐形成以自我为中心，凡事都以自己的利益为目的，判断是非的标准也是根据自身的利益，你的这种不良表现都是缺乏宽容、同情和尊重的心理。这些过于偏激的思想和行为，都不利于你的身心健康及人际交往，严重地影响了你们健全人格的形成和发展。因此，拥有宽容之心是非常重要的。

杨丽是一个脾气暴躁，容易生气的人，朋友很少，令她时常感到孤独寂寞。有一次做课间操，解散后，她被同班的一个同学踩了一脚，那个同学赶紧向杨丽道歉，他点头、弯腰，连声说："对不起，真的很抱歉。踩疼没有？"还从口袋里拿出一包餐巾纸递给杨丽。可杨丽没有理会他诚恳的道歉，反而说："你眼睛瞎了吗？这么大一个人站在你面前，也要来踩，你脑子有问题吧？真是的。"骂完后，杨丽又瞪了他一眼，便愤愤地准备离去，这时周围的同学都愣住了，踩着她脚的那位同学被骂得满脸通红，杨丽听到有一位同学小声说了句："犯得着这么生气吗？只不过踩了一下脚，并且别人马上赔礼道歉了。没劲，走！"

宽容是中华民族的传统美德。古人有训："得饶人处且饶人"、

"吃亏就是占便宜"、"退一步海阔天空"等等，均是这种精神的体现。

你要学会宽容可以赢得更多的朋友、更多的友谊，同时还会让你少一个敌人，因此，宽容是融和人际关系的润滑剂。法国著名的文学大师雨果曾说："世界上最宽阔的是海洋，比海洋宽阔的是天空，比天空更宽阔的是人的胸怀。"宽容不仅是美德，也是一种明智的处世原则。宽容对方就是接纳对方，就是把自己从困惑中解脱出来。宽容是幸福之源，它不仅仅是针对别人而言的，古人云："宽以待人，严以律己"。这足以说明在当今竞争激烈的情况下，青少年不仅要学会宽容别人，还要学会宽容自己，用一个平和稳定的心态去迎接生活的挑战。学会宽容是做人的需要，更是成就事业的需要。

如果你具备了宽容的美德，那么生活将会展现给你最美的一面。佛经言："一念境转。"如果你选择了仇恨，那么以后的生活都将会在黑暗中度过；如果你时刻想着如何去报复别人，那么你就会整日愁容不展、心事重重；相反，如果你选择了宽容，放下心中的包袱，给对方一个灿烂的微笑，把阳光洒向大地，阳光也会照在你身上。因此，宽以待人、宽大为怀是中国的古训，也是一种美德，更是协调人际关系的润滑剂。

多一些宽容，多一份温暖

日常生活中，你难免会与别人发生摩擦，如果别人不小心踩到你的脚了，你应该大大方方地说声没关系；如果别人把你的笔弄坏，并诚恳地向你道歉，你应该露出宽容和微笑。在生活中有些事情能忍则忍、当让则让，忍让和宽容不是怯懦胆小的表现，而是一种坚强和智慧，是建立良好人际关系的法宝。

俗话说："忍一时风平浪静，退一步海阔天空。"青少年要想立足于当今社会并取得更好发展，首先就要学会宽容，它不仅能健全自己的人格，还能提高自身的思想境界。

1. 容忍别人的缺点

青少年朋友应该明白，人人都有缺点和不足，只要不是特别过分，就应该理解和宽容。在学校和同学相处，要学会包容和忍耐别人的缺点。因为，自己也可能有别人讨厌的缺点，多一点包容也就是多给自己机会与别人好好地相处。世界上没有相同的两个人，每个人和每个人都是不一样的，所以要学会容忍。

2. 不要记仇

仇恨可以蒙蔽人的眼睛，仇恨就是人心里长的一个毒瘤，它会随着仇恨的增长而在体内长大，仇恨的人不懂得如何去宽容别人。

3. 从小事做起

大凡成功的大事，都是从细小的事做起。困难的事，其实是由很多容易的事组成的。而宽容的人，始终不会计较名誉、地位，做事总愿做小事，所以总是把有好处的事情让给别人去干。同时，事情做成功了，也不把功劳归自己所有。没有做成功，也不沮丧，而是及时查找原因，逐步完善。所以说，只有你做好每一件小事，你也就学会了宽容。

4. 把复杂的事情简单化

作为青少年朋友，如果与一个性格特别执拗的同学在一起，两个人都不懂得宽容的时候，矛盾就会越来越深。其实，这样的朋友也没有别的毛病，只是性格太执拗。要想包容他，你就必须把复杂的问题想得简单一点，否则的话冲突会越来越激烈。

5. 善于理解别人

善于理解别人，以豁达的胸怀原谅别人。他人无意或过失伤害了自己，不予计较和追究，原谅、饶恕他人的错误和过失，哪怕是他人故意刁难自己，只要没有造成严重伤害，对方又表示了歉意，也应原谅、饶恕对方。

在素质教育的年代里，你要清楚地认识到健康心理的重要性。宽容是不受约束的，它就像天上下的细雨那样滋润大地，会带来双重的祝福。因此，在生活中多一些宽容，就会多一份温暖、多一份阳光。

12. 学会尊重他人的办法

尊重他人是情感互动交流的基础，是爱心的付出。简单地说，人与人间的相处，爱是基础，尊重是表现形式。如果人与人之间没有广博而真诚的爱作为基础，就不会懂得尊重他人。然而，如果没有对他人的尊敬，那么，人世间的友爱也就无从谈起。所以，作为新一代的青少年要懂得尊重他人，学会奉献真诚的爱心，只有这样才会得到他人的尊重。

青少年学会尊重他人不仅是一种态度，也是一种自身的能力和美德。它的基础就是为他人着想、给别人面子并维护别人的自尊。每个人都有自尊心，如果你想要别人尊重你，首先就得尊重别人。在这个社会上，一个不知道尊重别人的人，是不会得到别人的尊重的。所以，青少年在交往中，一定要用和蔼的态度对待对方，这样你才能得到别人的尊重。

平等对待每一个人

在这个世界上，人都是感情动物，只有你对他好了，他才会对你好。自己的态度决定了别人对你的态度，就好比一个人站在镜子前，当你笑时，镜子里的人也会笑；当你愁眉不展时，镜子里的人也是如此；如果你对着镜子大喊大叫，那么镜子里的人也会怒气冲冲地对你大喊大叫。换句话说，你不尊重别人，别人也不会尊重你。

所以，要想获得他人的尊重和好感，就必须先尊重他人。

生活在社会这个大家庭中，每个人都希望得到别人的充分肯定，每个人都希望自己的成绩得到别人的认同，每个人的人格都希望得到别人的尊重。然而，只求索取不求付出是不现实的，也是不会被人接受的。那么，青少年应该怎样才能得到别人的尊重呢？古语道："己所不欲，勿施于人。"试想一下，你没有尊重别人，那么别人怎么会尊重你呢？同样，你如果将怠慢和不敬施于人，他人又怎么能快乐得起来呢？因此，要想得到他人的尊敬，就必须平等地对待身边的每一个人。

随着时代的进步和发展，人们将尊重他人看作生活中的重要部分，每个人都有自尊心，无论是三岁小孩还是年过花甲的老人，都渴望得到别人的尊重。有关心理学家研究表明，每个人交友和受尊重的欲望都非常强烈。生活中如果老师还没有叫下课，就有同学大声叫着说："下课了"，此时，老师听了会有什么感觉？他认真教学而得不到同学们应有的尊重，心里会非常难过的。每个青少年都渴望自立，都希望成为家庭和社会中真正的一员。当你回到家时与父母或长辈打声招呼，这是对他们最起码的尊重；上课时专心听讲，课下按时完成作业，这是对老师辛勤劳动的尊重。如果你能以平等的态度与他人沟通交流，在对方受到尊重的同时他们对你也会产生好感。相反，如果你表现得居高临下、盛气凌人，那么，在别人心里面会感觉到自尊心受到了伤害，就会拒绝与你交往。

青少年在与别人沟通时，千万不要伤害对方的自尊心，否则，受损失的一定是你自己。俗话说：得人一尺，敬人一丈。意思就是说只有学会尊重别人，别人才会加倍的尊重你。如果你想处处得到别人的尊重，那么，你就先从学会尊重别人开始。因此，青少年在生活中，要时刻学会尊重他人、关爱他人，让生活更加美丽。

在美国，有一位中国留学生，他常常在课余时间帮一家中型西餐厅洗碟。

厨房的管理员是一位典型的美国人，他很慷慨大方，但是他最不好之处就是很唠叨。他经常在留学生工作时，自己站在旁边"演讲"："你太幸运了，美国政府批准你来我们这里读书，我又给你一份工作和食物，现在你连吃饭钱都省了……"这位留学生始终保持着沉默。

有一次，这位管理员又重复说这些话时，留学生站起身指着那管理员说："再说下去，我就一拳打扁你的鼻子"。

从此以后，那位管理员再也没有说过类似的话，因为他知道了只有尊重别人，别人才会尊重你。

上面的例子明确说明了只有真正学会尊重他人，才能得到他人的尊重，最终才不会使自己受到损失。

青少年要学会尊重

青少年学会尊老爱幼是一种可贵的传统美德。因此，青少年在与人交往的过程中，一定要学会尊重他人。

1. 学会尊重他人的个性。青少年对于别人的习惯及观点，要具有容纳的意识。在不同的人面前尊重程度也是有差别的，要学会容纳别人的个性和缺点，谅解对方的一时过错。

2. 要有良好的心态。青少年在学校的大集体中，有许多学习的楷模。只有拥有"虚心使人进步"的谦虚态度，把握住"三人行，必有我师焉"的处世哲学，才能学会尊重他人，同时也会赢得别人的尊重。

3. 尊重别人的个人隐私。每位青少年都有一两个知心朋友，不管你们之间的关系多么亲密，你一定要为彼此保留一份私人空间，不要随便打听他人的私人生活。相信只要你有热心慷慨的态度，当你的朋友确实遇到了解决不了的困难时，自然就会主动开口向你求助。

4. 要学会用文明语言。人类最大的交流工具就是语言，用语言传递情感。因此，青少年要学会使用文明用语。一句简单的"对不起"是对自己的过错表示真诚道歉，这不仅体现着你对别人的尊重还突出了你的真诚友善的性格。一句"没关系"表示你对别人过失的原谅和宽容，同时也表现出了你宽阔的胸怀。

5. 不要打扰别人的学习或休息时间。如果你的同学在学习或休息时，尽量不要打扰他们，这些都是尊重别人的具体表现。

13. 学会诚实做人的技巧

"诚者，物之始终。"《周易·乾》中讲："修辞立其诚，所以居业也。"意为君子说话、立论诚实不欺，真诚无妄，才能建功立业。诚信，简而言之，即诚实、守信。"诚"乃指诚实、真诚和忠诚，要求表里如一，不自欺和欺人。"信"就是真实和信守诺言，要求"言而有信"。

我们说诚实是青年人事业的成功之基，其理由是：首先，青年人要想成功必须先成才，一个人在成才的路上，只有诚实，才能获得他人的理解、支持和帮助，诚实给自己创造了良好的外部环境，孤军奋战的人是难以成功的；其次，青年人诚实，才会善待自己，直面人生，全面审视自我，做到既不妄自尊大、自欺欺人，又不妄自菲薄、缺乏自信。只有正视了自己，才能扬长避短，确定正确的奋斗方向，逐步由小的成功走向大的成功；其三，诚实给青年人创造了良好的内在心境。诚信可以使一个人心胸坦荡，仰不愧天，俯不愧地，可以使一个人精神饱满，如沐春风，有创业的冲动，有干一番事业的激情。此外，大家都诚实，就能形成社会的良好环境和良好的世风，从而为建功立业的青年人创造条件，形成一种良性的互动。

诚实是你价格不菲的鞋子，踏遍千山万水，质量也应永恒不变。

诚实是一种成功的品质。

从古到今，在人们的心中诚实就是公民道德的一个基本规范，是一个民族生存的灵魂，是一个公民立足的基石，诚实也是一个人迈向成功的阶梯。

乔治·华盛顿从懂事起，就很崇拜英雄人物。他想当军人，父亲告诉他："只有诚实，大家才能团结，团结才能战胜敌人，成为勇敢的军人。"

父亲不光言传，还很注重身教。在父亲农场里，有一颗小樱桃树，那是父亲为纪念华盛顿的诞生而栽种的。小乔治一天天长大，小樱桃树也一年比一年高了。华盛顿一心想长大做一名威武的军人。有一次，他打算做一把小木枪，把自己武装起来。他本想让父亲帮帮忙，可看到父亲成天忙于自己的工作，没有时间，于是决定自己动手。小华盛顿拿起锯子、斧子，找了一棵容易砍倒的小树，把它锯倒了。哪知道这棵树，就是父亲最心爱的那棵樱桃树。这下可闯了大祸。

父亲回来，知道了这件事，大发脾气，质问是谁干的。华盛顿躲在屋子里，非常害怕。他想了想，还是勇敢地出来，走到他父亲面前，带着惭愧的神色说："爸爸，是我干的。""小家伙，你把我喜爱的樱桃树砍倒了，你不知道我会揍你吗？"

华盛顿见父亲气未消，回答说："爸爸，您不是说，要想当一个军人，首先就得有诚实的品质吗？我刚才告诉您的是一个事实呀。我没有撒谎。"

听儿子这么一说，父亲很有感触。他意识到孩子身上的优良品质，要比自己心爱的樱桃树还要珍贵。他一把抱住华盛顿，说："爸爸原谅你，孩子。承认错误是英雄行为，要比一千棵樱桃树还有价值。"

诚实，能驱散人们心中的阴暗；诚实，将使人类有更多更真诚的爱。我们应该大力弘扬诚实的美德，让人们心灵更高尚，让世界变得更美好。

门德尔松是德国作曲家，1829 年，他 20 岁时，第一次出国演奏，一时轰动了英国。英国女皇维多利亚在白金汉宫为门德尔松举行了盛大的招待会。女皇特别欣赏他的《伊塔尔慈》曲，对他说，单凭这一支曲子，就可以证明你是个天才。门德尔松听了以后，脸红得像紫葡萄一样，局促不安地连忙告诉女皇说，这支曲子不是他作的，而是他妹妹作的。本来，门德尔松是可以将这件事隐瞒过去的，但他在荣誉面前并不想夺人之美。他觉得诚实是一个人应有的品质。

这样的事例很多，但能像门德尔松那样有勇气站出来澄清的却很少。有时，一个人的品格就反映在一句话中。

古往今来，"诚实"便是英雄们惺惺相惜，成就大业的根本。无论儒法，还是老庄，"诚实"总是作为君子最重要的美德出现的。古书上处处写着君王以诚治国，诸侯以诚得士的故事。信陵君正因诚实得到侯君，抗秦救赵，名扬四海，刘皇叔正因诚信打动了诸葛孔明，三分天下，成就霸业。而梁山上，那些英雄好汉，一诺千金，为诚实两肋插刀的豪情，更被写进了才子名著，感动着千百万读书人。诚实是基石，诚实是资源，诚实更是迈向成功的阶梯。

一个诚实的人首先是一个诚实待己的人，一个敢于面对自我真实面目的人。这样的人能全面客观的审视自我，既不妄自尊大、自

欺欺人，也不妄自菲薄。俗话说"知己知彼，百战不殆"。对自己的
情况了然于心，就已经成功了一半。因为只有那些全面把握自己优
点和缺点的人，才能真正了解自我成功的可能性和局限性，既不会
因为他人的赞誉或阿谀奉承忘乎所以，也不会因为别人的否定或自
己的一次失败就气馁。这样的人往往会在别人惊奇的目光中从小成
功走向大成功。这就是诚实所具有的特殊人格力量。

诚实会带给人们好运

有一个战士，非常不擅长越野长跑。所以在一次部队的越野赛
中他很快就远远落在伙伴的后面，转过了几道弯，他遇到了一个岔
路口：一条路标明的是军官跑的，一条路标明的是士兵跑的。他停

顿了一下，虽然他对军官连越野赛都有便宜占感到不满，但是他仍
然朝着士兵的小路跑去。没想到过了半个小时后他到达终点，成绩
是战士组的第一名。他感到很不可思议，但是主持赛跑的军官笑着
恭喜他得到了比赛的胜利。过了几个小时后，大批的军官和士兵到
了。他们跑得筋疲力尽。看见他赢得了胜利，开始都觉得奇怪，但
后面大家很快就醒悟过来，原来军官的那条路更远，更难。很多士
兵都以为军官的那条路近，反而走了很长的路。这个战士在那个岔
路口时选择了自己的路，选择了诚信。这也是他在今后的人生道路
上，本着诚信待人处事而立足于部队之中。他呢，也因为诚信而做
到了少将的位置。

可见，诚实最明智，老实人不吃亏。青年人若要成功，就该把
创造信誉作为自己生命里最重要的事情，不断地向别人证明你是一
个可靠的人，一个值得信赖的人。人们只有相信了你，才会去相信
你的观点、思想或产品。

1936 年，美国乔治亚州州长尤金·塔木访问该州逃犯监狱，他
在监狱管理人员的陪同下，穿过牢狱走廊时，询问了每个犯人："你

有罪吗?"他所听见的只是犯人们的断然回答:"我没有罪。"但州长走近哈维和史密斯的牢房时,这两个犯人却毫不犹豫地承认自己有罪,应该受到惩罚。接下来的事情是这样的:哈维和史密斯持枪抢劫,本该判15年徒刑,却因一句坦白有罪的话得到州长的赦免。州长事后解释了他这么做的原因:"一颗诚实的心永远不该与一群谎言家在一起。"

一个诚实的人,不论他有多少缺点,同他接触时,心神会感到清爽。这样的人,一定能找到幸福,在事业上有所成就。这是因为以诚待人,别人也会以诚相见。

诚实才是人生的最高美德,诚实的价值无可估量。美国第一任总统乔治·华盛顿曾就诚实的品格谈了一番意味深长的话:"我希望拥有坚强和美德,以保持我那诚实的品格,这种品格我认为是最令人羡慕的头衔。"褒扬和支持诚实行为,并身体力行,是我们最大的利益之所在。只有诚实地生活,我们才能够彼此和谐相处,问心无愧,才能有一个清平祥和的生存环境。

14. 学会谦虚为人的方法

"满招损,谦受益,时乃天道"。意思是说,自满的人会招来损害,谦虚的人会受到益处。它告诉人们骄傲自满有害,谦虚谨慎有益的道理。一个人如果自满了,那么他的智慧便到了尽头,不可能有任何发展;一个人如果能做到谦虚,他的智慧便能不断的发展。

"谦虚使人进步,骄傲使人落后。"毛泽东的这句格言,其意蕴上接古人,言近旨语,当与古训共志之。"海纳百川,有容乃大"。

谦虚使人进步

厚德载物,有厚则强,海纳百川,有容乃大。一个人的力量总是渺小的，所知道的也总是很有限的，这就要求我们要有一颗最谦虚的心，像大海接纳百川一样，虚心地向所有的人学习，这样才能增强我们的知识与技能，才能使我们广结朋友、受人尊敬。

一个人能谦虚，在社会上一定会得到大众广泛的支持与信任，而懂得谦虚，便会知道"日新又新"的重要。不但学问要求进步，做人做事交朋友等等，样样都要求进步。如此种种的好处，都从谦虚上得来，所以称为谦德。

古代的贤名之人多是谦虚的，他们并不因为自己有本事而沾沾自喜。他们懂得自满会给自己灾难。他们多是默默地等待伯乐的出现，发现他们身上的价值，然后为知己者劳，为知己者死。

姜尚石番溪边垂钓待圣贤，他没有因为自己是昆仑弟子而自夸门第大宣自己是多么厉害，而是默默地在石番溪旁直钩垂钓周文王。最终为姬氏家族挣得殷家天下。

孔老夫子，他是我国古代伟大的教育家，弟子万千，有名的就有 72 人。他可以被称为是最聪明的人了，他可以自满一下，他也有这个条件，他自满了没有？他没有。他只是说："三人行，必有我师焉。"他的弟子遍天下，他的老师也不少。

还有受世人崇敬的周恩来总理，一生谦虚谨慎，平易近人，身为总理虽日理万机，公务繁忙，但每到一处都要深入群众，了解情况。一次，他到上海考察，与电影演员们会面，在亲切交谈中，有个小同志热情地向他建议，说："总理，您给我们写一本书吧！"可他却回答说："如果我写书，就写我一生中的错误，让活着的人们从过去的错误中吸取教训。"

正是因为他对自己严格要求，和谦虚谨慎的态度，为人民作出了巨大的贡献，受到人民的爱戴。不仅生活在"礼仪之邦"的中国人是这样，其他国家的很多名人也如此。

焦耳求知，成就科学

相信学过物理的人都熟知英国著名科学家——焦耳。他从小就很喜爱物理学，他常常自己动手做一些关于电、热之类的实验。

假期里的一天，焦耳和哥哥一起到郊外旅游，聪明好学的焦耳就是在玩耍的时候，也没有忘记做他的物理实验。他找了一匹瘸腿的马，由他哥哥牵着，自己悄悄躲在后面，用伏达电池将电流通到马身上，想试一试动物在受到电流刺激后的反应。结果，他想看到的反应出现了，马受到电击后狂跳起来，差一点把哥哥踢伤。

尽管危险已经出现了，但这丝毫没有影响到爱做实验的小焦耳的情绪。他和哥哥又划着船来到群山环绕的湖上，焦耳想在这里试一试回声有多大。他们在火枪里塞满了火药，然后扣动扳机。谁知"砰"的一声，从枪口里喷出一条长长的火苗，烧光了焦耳的眉毛，还险些把哥哥吓得掉进湖里。

就在这个时候，天空浓云密布，电闪雷鸣，刚想上岸躲雨的焦耳发现，每次闪电过后好一会儿才能听见轰隆的雷声，这是怎么回事？焦耳顾不得躲雨，拉着哥哥爬上一个山头，用怀表认真记录下每次闪电到雷鸣之间相隔的时间。

假期过后，开学了，焦耳几乎是迫不及待地把自己做的实验都告诉了老师，并向老师请教。老师望着勤学好问的焦耳笑了，耐心地为他讲解："光和声的传播速度是不一样的，光速快而声速慢，所以人们总是先见闪电再听到雷声，而实际上闪电雷鸣是同时发生的。"

焦耳这才恍然大悟，从此，他对学习科学知识更加入迷。通过不断地学习和认真地观察计算，他终于发现了热功当量和能量守恒定律，成为一名出色的科学家。

著名的文学家、思想家、革命家鲁迅先生曾经说过："不满足是向上的车轮。"只有谦虚谨慎，不骄傲自大的人才能获得成功，一步一步向人生的顶峰攀登。

谦虚是一种好的品质，我们每个人的思想里都有，但是它美而不露，隐藏于心灵的深处，它等待人们去挖掘。

别林斯基曾说过："一切真正伟大的东西，都是淳朴而谦逊的。"世上凡是有真才实学的人，凡是真正的伟人俊杰，无一不是虚怀若谷，谦逊谨慎的。谦虚是一种美德，也是一种难能可贵的品质。

骄傲使人落后

谦虚得荣，自满则自毁前程。自满会遭到别人的嫉妒，自然也会遭到别人的陷害。如果一个人骄傲自满，狂妄自大，即使是最亲近的人，也会厌恶之而远去。古代像孔子、老子这样道德高尚的人，尚怀满招损的恐惧，那么我们这些普通人更应该时刻铭记古训，克制自己的骄傲、自满之心。魏徵也曾对唐太宗说："自满者，人损之；自谦者，人益之。"

欹器，现在几乎已经很少有人能认识它，在很久以前人们用来汲水用的工具就是它的原形。后来它的一个分支慢慢的也就变成了欹器。它因"虚而欹中而正，满而覆。"而为读书人所钟爱。读书人将它放于桌子的右上角时刻警示自己不能太自满否则将毁于一旦。座右铭"满招损，谦受益"也就是由此而来。

人世间又有几人真能明白这个道理呢。被誉为中国武圣的关羽，智勇双全、义气冲天，堪称一代英豪，但却因骄傲自满，败走麦城，身首异处，实在令人叹惋。

关羽出师北进，俘虏了魏国将军于禁，并将魏国征南将军曹仁围困在樊城。当时镇守陆口的吴国大将是吕蒙，他回到建业，称病要休养，陆逊去看望他，两人谈论军国大事，陆逊说："关羽平时经常欺凌别人，现在节节胜利，又立下大功，就会更加自负自满，又听说您生了病，对我们的防范就有可能松懈下来。他一心只想讨伐魏国，如果此时我们出其不意地进攻，肯定能打他个措手不及。"吕蒙大为叹服陆逊的见识，就向孙权推荐陆逊代替自己前去陆口镇守。

陆逊一到陆口，马上给关羽写信道："你大败魏军，立下赫赫战功，这是多么了不起的事啊！就是以前晋文公在城濮之战中所立的战功，韩信在灭赵中所用的计策，也无法与将军您相比啊。我刚来这里任职，学识浅薄，经验不足，一直很敬仰您的美名，故恳请您多多指教。"这些吹捧让关羽甚是得意，想当然地认为陆逊不过是无名之辈，不足为惧，对后方吴国也就放心了。

陆逊在稳住关羽后，暗中加快军事部署，待条件具备后，指挥大军，一举攻克蜀中要地南郡，关羽败走麦城，终遭杀害。

还有众所周知的韩信，他先投靠项羽，因项羽看不起他，而没有得到重用，后来他投靠刘邦，因为有张良与萧何的举荐和以性命担保得以重用。后韩信因取得齐地自恃功高，派人请求汉王封他为"假齐王"。

这件事埋下了刘邦剪除韩信之前因。功成后有要求要封为王，刘邦怕他以后会对自己不利，就以意图谋反的罪名，逮捕了他。韩信在被捕时才明白为什么张良与萧何要在战后要求隐居，他才后悔没有听从萧何的话。他说："狡兔死，走狗烹；高鸟尽，良弓藏；敌国破，谋臣亡。天下以定，我固当死。"

等到了死才知道当初不应该太自满，后悔已晚矣。这个代价似乎太大了。但是我们现代人在知道了后果，而且也有无数的活生生的例子摆在我们的面前，为什么我们不能好好的去想一想呢？

谦虚还可以使我们获得他人的喜爱与信任。人们都喜欢与谦虚的人共事，而不愿与自以为是的人为伍。我们生活中那些自以为什么都懂、动辄就好为人师的人，是很遭人讨厌的。他们摆出一副

169

"万事通"的面孔来，唯恐被别人轻视。他们炫耀的目的无非是要提高自己的地位，可这样做的唯一结果只能是使他们捉襟见肘，遭人厌恶。

"谦受益，满招损。"作为几千年古人留下来的古训，当今依然有它的现实意义。只有谦虚，我们才能增长才干，才能养成优良的美德，才能赢得他人的尊敬；而骄傲自大，只能使我们狂妄无知，遭人讥笑，甚至让我们付出惨痛的代价，遗恨终生。

15. 学会理解他人的办法

换位思考是人与人之间的心理体验过程。将心比心，设身处地的为他人着想，是达成理解不可缺少的心理机制。从客观条件上来说，它是要求我们将自己的内心世界，如情感体验，思维方式等，与对方的思想联系起来，就是站在对方的立场上体验和思考问题。因此，与对方在情感上得到沟通，为彼此间的友谊奠定基础。

一位智者说过："把自己当作别人，把别人当作自己；把别人当作别人，把自己当作自己。"这句话告诉人们要学会换位思考。孔子说："己所不欲，勿施于人"。如果你没有换位思考，等待你的极有可能是失败、痛苦、沮丧或者泪水，甚至于无底的深渊；如果你换位思考，迎接你的极有可能是胜利、轻松、希望、微笑、支持或是至尊的荣耀。不夸大的说，天地之差，生死之别，尊卑之成因，好坏之缘由，可能仅仅是取决于换位与否。

学会理解他人

青少年在人际交流上具有这样一种心理特征：他们一方面渴望得到别人的理解，但同时又很少主动地去理解别人。在对待老师时，这一心理特征表现得尤为突出。在人际交往中要学会换位思考，不要只是站在自己的角度去看待或衡量别人，积极地换位思考，这样就会减少矛盾和摩擦，从而形成良好的人际关系。

换位思考的实质就是想人所想、理解至上。人与人之间必不可缺的就是谅解，谅解是理解的深一层包容，也是一种宽容。我们都有被"冒犯"或"误解"的时候，如果为此而耿耿于怀，那么，心中就会有解不开的"疙瘩"；但如果你能站在对方的立场去感受对方的感受，或许很容易就能达成谅解。在生活中，一般只要不涉及原则性问题，都是可以谅解的。

在人际交往中，有时会有很多误解或是交往中碰到的矛盾，很多时候都是因为在考虑问题时，只考虑了自己，而忘了从对方的立场来看问题。

上完晚自习回到宿舍里，张同学给家里打电话，打得时间比较长，其他三位同学也想给家里打电话，看到张同学那副慢条斯理的样子，他们有点不高兴。而张同学在电话里谈得很起劲，好像忘了周围有人等着打电话，过了好长一段时间，张同学终于打完电话了。这时王同学开始给家里打电话，他说着说着就忘了后面的两位同学，他还没说完呢，宿舍的灯就熄灭了，后面的两位同学纷纷指责王同学，而王又指责张同学，张同学不服气，四个人开始吵了起来。

在这个事件中，很显然，张、王两位同学都是在自己的立场考虑问题的，他们心里只考虑到自己的需要，而没有为别人考虑。以王同学为例，张同学在打电话时他很着急，他抱怨张同学不考虑别人，而当他开始打电话时，他又只顾自己，不为后面的同学考虑，如果稍微为别人着想的话，就不会出现这样的矛盾了。

青少年在成长的过程中要学会换位思考。因为，人与人之间需要互相理解和信任。为此，要学会换位思考，这是人与人之间交往的基础——互相宽容、理解，多去站在别人的角度上思考。若常常

171

表现出"以小人之心度君子之腹"，爱用怀疑的眼光看对方，这样往往会误解别人。

很多人在处理问题和与人交往的时候，总是立足于自我的立场，考虑更多的是利益和需要，却总是很少关心他人的需要，更别说是从别人的立场来看问题了。这样就造成了人际沟通中的理解发生障碍和阻塞。我们平常总说别人不理解自己，自己也不理解别人，主要就是由于我们没有站在对方的角度来看问题。要做到换位思考，在考虑问题之前，我们先问自己下面几个问题：

1. 如果我是他，我需要的是……

2. 如果我是他，我不希望……

3. 如果我是对方，我的做法是……

4. 我是在以对方期望的方式对他吗？

换位思考，有时候而且是多数时候对我们都有很大的利益。当你跟别人有了摩擦的时候，如果不去换位思考，可能你就只会一味地去想你是多么的委屈，你会陷入一个胡同里跳不出来，一直想着别人凭什么这样对你。但是如果你换位思考了，也许你会发现对方跟你有一样的疑问，然后，你就会找到症结所在。

有一只狗无意间闯进一间四壁都镶着镜子的屋子，突然，看到房间里一下出现了这么多只狗，它大吃一惊。于是，对着这些狗龇牙咧嘴，喉咙里发出阵阵攻击的低吼。那些狗也对着它张牙舞爪，而且都是怒吼的面容。这只狗一看，吓坏了，于是，它不停地狂吠着试图逃走，没想到它一跑，那些狗也跟着它追。它只好不停地绕着屋子跑，直到跑得体力透支，倒地死亡。

可见，以自我为中心的意识是无法生存的。如果这只狗会换位思考的话，那么它会先朝那些"狗"摇摇尾巴、其后果也会是截然不同的。

青少年换位思考的方法

那么，青少年怎样才能学会换位思考？

1. 在交往中学会换位思考。青少年的出生背景各不相同，想法、意见、理解也不同……也许某一天，你的朋友会让你生气，请先站在对方的角度思考一下，到底是为什么？有时候，往往会因为自己所处的环境而导致改变自己的内心想法，这就是影响人际关系的障碍。每一个人的思想都是有所不同的，在处理人际关系时都应换位思考，站在对方的角度思考问题，只有这样才能提升人际交往能力。

2. 在理解中学会换位思考。换位思考是理解别人的想法、感受，从对方的立场来看事情。但是不幸的是，许多人的换位思考都缺少了这一个要素。他们或是站在自己的位置上去"猜想"别人的想法及感受，或是站在"一般人"的立场上去想别人"应该"有什么想法和感受。这种换位思考并不是真的换位思考，而是以本位主义来了解别人的想法及感受，这并非真正地为别人着想，因为它忽略了"对方"真正的想法及感受。这种做法缺乏了尊重，尊重别人的责任，尊重别人的能力，尊重别人的自主权。在与别人交往的过程中，别忘了换个位置思考，多一份理解与宽容。

学会换位思考是很重要的。一个人如果具备了这点，他便能使自己快乐，同时也使别人快乐。对于能换位思考的人来说，每天都是美好的，每个人都是友好的，透过屏窗望到的是茫茫草原上白云朵朵，万绿丛中红花点点镶嵌之美景；而对于不懂得换位思考的人来说，每天都是最最痛苦的煎熬，每个人都会对别人冷眼旁观。所以，学会换位思考成就自己，也快乐别人。

16. 学会避免冲突的技巧

青少年时期是个易冲动的时期，所以比较容易与别人发生冲突。在生理学上，冲动是指神经受到刺激后产生的兴奋反应。在日常生活中，冲动是最无力的情绪，也是最具破坏性的情绪，也就是说理性弱于情绪的心理现象。当和同学发生冲突了，不要用暴力的方式来解决。

冲动会付出代价

冲动是魔鬼，其结果青少年将为之付出很大的代价。

一般青少年的情绪特征是以冲动和暴发为主的，这就叫做边界性格紊乱的心理疾病。在现实生活中，青少年常常会遇到很多不称心的事情。例如：学习时受到外界干扰，珍爱的物品被别人损坏或自尊心受到伤害等，这些都容易使其发火。有些青少年与人相处时往往因为一言不合就火冒三丈。在情绪冲动时做出使自己后悔不已的事情来。所以，经常发火对人对己都是不利的。因此，青少年应该采取一些积极有效的措施来控制自己冲动的情绪。

有关专家说"冲动的行为对于他们来说总是有特殊的意义"，青少年时期是迈向成熟的过渡时期，他们情绪和感情都极不稳定。有些青年学生不善于控制情绪，因此深受其害。比如，有时因不值得一提的小事而极度悲伤或大发脾气，有时因为成绩不理想而沮丧。还有的青少年常常被悲观、忧郁、孤独、紧张等不良情绪所困扰，导致对学习缺乏主动性和自觉性，甚至有的青少年因为成绩不好或学习压力大，就跳楼自杀。由此可见，自身的情绪控制非常重要。实践证明，调节自己的情绪最好的办法是先把你认为恼火的事搁在一边，等你冷静下来后，再去处理它们。其实，一个人的情商高低，是体现在自身情绪控制的成败上。发脾气是值得赞扬的，如果你能把握住在适当的场合理智地发脾气，那也是非常明智的做法。因此，控制情绪不只是简单的抑制，而是在自我教育、自我评价和自我调节中进取的。

珠海市某中学初二学生小可，今年 *16* 岁，他在家中是独生子，长这么大以来他一直是家长眼中的乖孩子。最近，小可突然发现自己变得脾气暴躁起来，有时因冲动还与其他同学吵架，事后仔细想想都是鸡毛蒜皮的小事，根本就没必要小题大做。在家里他也经常与父母怄气，有时父母批评他几句，他就暴跳如雷、大动肝火，把父母气得直跺脚，但是也无可奈何。小可为自己的脾气感到很苦恼，他知道自己不对，可是事情一旦发生了，他就控制不住自己的情绪，过后又十分后悔。

有一天，同桌借了小可的一支钢笔，但是因不小心把笔弄坏了，小可很生气，虽然同桌诚恳地向他道歉了，但是小可还是当众把同桌骂了一顿，这一举动严重影响了他们之间的友谊，而且，小可的形象在其他同学眼中也大受损伤。小可为此事内疚了好久，他真的搞不懂自己现在怎么那么的冲动。

控制情绪的方法

上面案例中的小可就是因为情绪冲动，一而再再而三地犯错，最终犯下不可弥补的过错。因此，爱冲动的青少年应采取一些积极有效的方法来控制自己冲动的情绪。

1. 理智地控制自己的情绪。用理智和意志来控制情绪，表面上是对自己的自由约束，其实，这种约束能使你获得更多的自由。青少年在遇到强烈的情绪刺激时，要强迫自己冷静下来，并快速分析事情的前因后果，然后，采取消除冲动情绪的"缓兵之计"，用理智战胜情绪上的困扰，正确评价自己，这不仅看到了自己的优势，也

看到了自己的不足，进而使自己远离冲动、鲁莽的局面。因此，在某种意义上，青少年如果能够理智地控制自己的情绪也就意味着主宰了自己的命运。

2. 用暗示、转移注意法。如果青少年遇到了使自己生气的事，一般都触动了自己的自尊和利益，此时是很难冷静下来的。所以，如果你发现自己的情绪非常激动、难以控制时，可以采取暗示或转移注意力的方法来做自我放松，并鼓励自己克制冲动的情绪。坚信冲动并不能解决问题，要锻炼自制力，学会用转移注意力或暗示的方法来处理问题。

3. 培养沟通的能力。在你不生气的时候，去和那些经常受你气的人谈谈心。听听彼此间最容易使对方发怒的事情，然后，想一个好的沟通方式，注意控制自己的情绪不让自己生气。你可以出去散散步来缓和自己的情绪，这样保持一个平衡的心态你就不会继续用毫无意义的怒气来虐待自己了。

4. 让自己冷静下来。在遇到冲突和不顺心的事时，最好不要去逃避问题，要学会掌握一些处理矛盾的方法。你可以考虑一下事情的前因后果，弄明白发生冲突的原因，双方分歧的关键在哪，然后，进行冷静的分析并找出一个切实可行的方法。例如：当你被别人无聊地讽刺或嘲笑时，如果你显现暴怒，反唇相讥，就会引起双方的强烈争执，最终可能会出现于事无补的后果，此时，如果你冷静下来，采取一些有效的对策，如用沉默来抵挡抗议或者指责对方无聊，这样就会有效地抵御或避免冲动的情绪发生。

5. 多参加户外运动。心理学家研究表明，运动是有效解决愤怒的方法，特别是户外活动。青少年时期正是年轻力壮的时候，要主动参加一些消耗体力的户外运动，例如：登山、游泳、跑步或拳击等，使那些不良的情绪得以宣泄。如果你觉得自己的情绪无法控制时，可以主动做一些户外运动，让冲动的情绪随着运动一起消失。

17. 遇事一定要冷静对待

数千年来，青少年一直是成年人的挑战，对父母而言，即使是温和的年轻人也一样，从准备儿女成长的食品到如何应付青少年日益复杂的问题，都是父母千古的难题。尤其是青少年阶段，是父母们最担心的阶段，因为这是他们最容易冲动的年龄。

美国知名心理学家戴维·华许博士，曾研究了青少年的冲动，用简易的文字向读者揭露了冲动的后果和原因，告诉青少年们应该怎么去做。根据相关人士调查，青少年因为冲动而造成不良后果的占16%，因冲动而犯罪的占38%，这个惊人的比例引起了很多父母重视。

青少年，理智对待冲动

青少年所处的年龄是个叛逆的、冲动的阶段，脾气容易暴躁，也容易违法违纪。叛逆的性格和冲动的脾气，是这些孩子们走向"罪恶边缘"的"罪魁祸首"，也是老师和父母们所为之担心的。

冲动是魔鬼。这句话很有道理，现在社会上，越来越多的青少年对自己的言行举止开始不重视，对自己做的事情很少想后果，他们只认为自己做的永远是对的，从没有在脑子里思考过事情的正误性。

镜头1：高二的同学在放学时冲到篮球场，其中有人大声喊道场地已经被占了，但有人不服，一句脏话就这样脱口而出，无端被骂，另外的人当然不甘示弱，也不留情面地回以脏话。双方都非常恼怒，在吵骂当中，有的人就觉得委屈，心中愤愤不平，进而大打出手，而且聚集了一大帮人围观，以致要动用全校的保安来解决纠纷及维持秩序。

镜头2：*17岁男孩王明是沈阳市某管理干部学院大专班学生。*一天下午，王明和初中同学出去玩时，为几个女孩子买雪糕，由于同学小强出去回电话，王明忘记给他买了。小强回来后见没有自己的雪糕就开始埋怨，并提出"不玩了，我回家"。王明觉得在女生面前丢了面子，在厮打中用尖刀刺中小强。小强经抢救无效死亡。王明也因为故意伤害罪被判处重刑，并赔偿小强家属经济损失2.5万元。

镜头3：*18岁李某受雇于某市一家造纸厂，因工资问题与管理人员发生纠纷，一气之下，竟纵火焚烧该厂多间宿舍，造成三万余元经济损失，最终被以放火罪追究刑事责任。*

上述三个事例，不正说明了青少年冲动所犯下的罪行和后果，这样的事例在社会上还有很多很多，尤其在校园里，因一时冲动而违纪的现象屡见不鲜。因为青少年之间发生争吵，心情都是复杂的，一时很难想到如何去调节、如何去解决，对于他们来说，最直接的方法就是用暴力来解决，这正是他们不能够理智对待冲动的原因。

因此，学会思考，学会理智对待自己的冲动是很重要的。

比尔·盖茨作为"世界财富之王"，他对自己的青少年生活有着切实的体会和总结。他说："我是一个爱构想自己人生地图的人，即使到现在，我依然觉得那种构想人生的青少年式的冲动，是我成就事业的基石。我觉得，一个人的青少年时期对于人生各方面的理解，就像鼠标一样起到引导性的作用。"

"人生总有不顺心的时候，很多人在逆境中沉沦了，自暴自弃了，但是只要相信人生可以自我调整，换个角度重新审视自己的生活，就会出现茅屋变成宫殿的奇迹。"

比尔·盖茨虽然作为财富巨人，但对于人生哲理自有智慧的理解。聆听他对成功人生的种种注解，必是一件非常有意义的事情，因为我们可以站在成功者的肩膀上继续登高，至少可以减少我们在实现人生目标时走弯路。

比尔·盖茨说过一句名言：善于少走弯路的人，总是一个用头脑驾驭自己人生每一步的聪明人！

同样处于青少年阶段，都有着冲动的脾气和性格，但是却有着不同的结果。理智地对待的，是用头脑驾驭自己人生的每一步；冲动的做每一件事的，得到的是应有的惩罚。

青少年，遇事需冷静

每一个人来到世上，都要遇到突如其来的意外事件，几时遭遇难以预料，没有人清楚。在这种情况下，最重要的事情就是要保持清醒的头脑，冷静地思考。对于青少年，除了要理智对待自己的冲动，还要遇事学会思考，学会冷静。

心痛、后悔、急躁、发怒等等，都是可以理解的，每个人都会有情绪，何况对于心智尚未成熟的青少年们。但是每一个人都应该清楚，这都于事无补，反而会让人失去理智、错失补救的时机。没有这种反映又是不现实的，关键是要尽量缩短这个反应的时间，尽早理智地分析事件，进行下一步的重要工作。

一本杂志上，有篇《自救》的文章，相信看过的每个人都会懂得遇事冷静的重要，更懂得人生的可贵。

一个年仅 20 岁的青年由于家庭贫困辍学，他有一个妹妹，成绩优异，不上大学实在可惜，于是他来到工地挖隧道，不料第一次走进隧道就发生了岩石塌方……

当时局面难以控制，有人大放悲声，有人想往岩石上撞，近乎疯狂。他也差点控制不住自己，刹那间他想了很多，首先想到了死，但若自己完了，妹妹也会辍学，父母也会悲痛欲绝。他镇静了一下，决定试着控制局面，他努力使自己的声音变得很沉稳："我是新来的工程师，想活命吗，想活命就听我的!"黑暗中，几个人渐渐安静下来。

他又向被困的四个人发号施令，一：被困的四个人必须听他指挥。二：外面肯定在组织救援，但需要时间。三：休息睡觉，因为累死也搬不动那千斤重的大石头。四：隧道里到处都是水，有水就能活十几天。不过他还是隐瞒了两件事情：第一是他进隧道时带了两个馒头，现在已成无价之宝。二是他有一个电子表，可以掌握时间。

第三天过去了，隧道里还是没有一丝光亮，他把其中一个馒头分成四份给大家吃。第五天，终于听见隧道隐约传来钻机风镐的轰鸣。他赶紧把最后一个馒头分成四份给大家吃，然后大声命令四个人拿起工具拼全力往巨石上敲击……

几个劫后余生的人躺在病床上怎么也不会相信，那个沉稳威严的"工程师"竟然是一个毛头小伙。当记者采访他时，我又听见了那句我已听了千万句的话："因为冷静，在紧要关头，只有冷静救得了你。"

人生做事和处事，总要面对千变万化的境遇，特别是青少年因其自身的身心特点更要学会冷静，只有冷静才能细心而全面正确地观察，才会做出正确的判断等等。冷静，这是学习和处事待人的前提。

青少年正处于心理学上所谓的"逆反期"，这个阶段的心理、行为如果不加以正确引导，会导致青少年对人对事产生多疑、偏执、冷漠、不合群、对抗社会等病态性格，使之信念动摇、理想泯灭、意志衰退、工作消极、学习被动、生活萎靡等，进一步发展还可能向犯罪心理和病态心理转化。

处于"逆反期"的青少年通常对教育者有明显的"反控制"、"对抗"心理，即你越是要求他这样，他偏不这样。而这种情形，最容易引起老师、父母的恼火。而老师、父母越是恼火，对他（她）越发训斥，就会使他（她）更加反感，直接影响到与父母、老师之间的正常关系，以至于将叛逆性格发展至极端，导致人格和行为的不健康。

每个人的生活不一样，遇到的事也不一样，很有可能你遇到一件事还在迷茫的时候，他先怒了，先告诉你这件事情不能这么做。物以类聚，人以群分，青少年中打群架的大都是善交这种朋友。暴躁的人就像一个导火索，不冷静、不理智。他很难用理性的思维处事。曾有一个故事，国外有一个富孀家财万贯，她想选一位司机，在数千竞聘者中选出了三位驾驶技术最好的，老太太问了他们一个问题，"你们能在离悬崖多远的地方停住?"第一个说，1 米! 第二个很不服气说，我能在 1 公分的地方稳稳的停住! 第三个说，我远远地看到悬崖就会停住了。结果第三位被录取了。因为在这个世界上所谓经验技术永远不是最终的保障，人规避风险的理智才是根本性的前提。第三个人之所以被录取不是靠他逞能而是靠他明智。

对于正在成长的青少年，作为国家的新一代接班人，遇事冷静、冷静、再冷静，是很重要的。

18. 常怀感恩之心

英国作家萨克雷说过："生活就是一面镜子，你笑，它也笑；你哭，他也哭。"送人玫瑰，手有余香。无论生活还是生命，都需要感恩。你感恩圣火，圣火将赐予你灿烂阳光。你怨天尤人，最终可能一无所有。

常怀感恩之心，就是对世间所有人所有事物给予自己的帮助表示感激，并铭记在心。只要我们常怀感恩之心，相信我们会有所收获。

懂得感恩，内心充实

"谁言寸草心，报得三春晖"。父母给了我们生命，我们对父母要常怀感恩之心。是他们让我们来到了这个充满色彩的世界，让我们看到了世界的真善美。从早上起来的一碗热腾腾的牛奶，到一年四季被子床单的换洗，我们应该心存感激，应该感谢上天给了自己那么好的父母，感谢父母给了自己健康的身体和一个完整的家。

老师给了我们知识，我们对老师要常怀感恩之心。是老师帮我们开启了知识的大门，是老师让我们懂得了在生活中如何对于别人的帮助去说一声"谢谢"，是老师让我们明白了受到别人的恩惠，当涌泉相报，是老师从青丝到白头在三尺讲台上教书育人，他们最大的心愿就是学生个个有出息。学生能常怀感恩之心就有用不尽的学习动力。

朋友给了我们友谊，我们对朋友要常怀感恩之心。朋友能与你患难与共，在你最困难的时候，朋友能千方百计帮你，给你"打气"给你信心，助你跨过学习上各种各样的障碍物。让你觉得，朋友的情谊刻骨铭心、终生难忘。

只有知道了感恩，内心才会更充实，头脑才会更理智，眼界才会更开阔，人生才会赢得更多的幸福。懂得感恩的人，是勤奋而有良知的人；懂得感恩的人，是聪明而有作为的人。

有这样一个有趣的故事：有一次，罗斯福总统家被盗，被偷去了不少东西，朋友们纷纷写信安慰他，罗斯福却说："我得感谢上帝，因为贼偷去的是我的东西，而没有伤害我的生命；贼只偷去我的部分东西，而不是全部；最值得庆幸的是，做贼的是他而不是我。"谁会想到，一件不幸的事，罗斯福却找到了三条感恩的理由。这个故事，可以说将感恩的美丽展示得淋漓尽致了。

感恩是积极向上的思想和谦卑的态度，它是自发性的行为。当一个人懂得感恩时，便会将感恩化作一种充满爱意的行动，实践于生活中。一颗感恩的心，就是一个和平的种子。因为感恩不是简单的报恩，它是一种责任、自立、自尊和追求一种阳光人生的精神境界！感恩是一种处世哲学，感恩是一种生活智慧，感恩更是学会做人，成就阳光人生的支点。从成长的角度来看，心理学家们普遍认同这样一个规律：心的改变，态度就跟着改变；态度的改变，习惯就跟着改变；习惯的改变，性格就跟着改变；性格的改变，人生就跟着改变。愿感恩的心改变我们的态度，愿诚恳的态度带动我们的习惯，愿良好的习惯升华我们的性格，愿健康的性格收获我们美丽的人生！

一对夫妻很幸运地订到了火车票，上车后却发现有一位女士坐在他们的位子上。先生示意太太坐在她旁边的位子上，却没有请那女士让位。太太坐定后仔细一看，发现那位女士右脚有点不方便，才了解先生为何不请她起来，他就这样从嘉义一直站到台北。

下了车之后，心疼先生的太太就说："让位是善行，可是起点到终点那么久的时间，中途大可请她把位子还给你，换你坐一下。"

先生却说："人家不方便一辈子，我们就不方便这三小时而已。"太太听了相当感动，觉得世界都变得温柔了许多。

"人家不方便一辈子，我们就不方便这三小时而已。"它能将善念传导给别人，影响周遭的环境氛围，让世界变得善美、圆满。

"善良"，多么单纯有力的一个词汇，它浅显易懂，它与人终生相伴，但愿我们能常追问它、善用它，因为老祖宗早就叮嘱过"善为至宝"，一生用之不尽啊！

有一位单身女子刚搬了家，她发现隔壁住了一户穷人家，一个寡妇与两个小孩子。有天晚上，忽然停了电，那位女子只好自己点起了蜡烛。没一会儿，忽然听到有人敲门。

原来是隔壁邻居的小孩子，只见他紧张地问："阿姨，请问你家有蜡烛吗？"女子心想：他们家竟穷到连蜡烛都没有吗？千万别借他们，免得被他们依赖了！

于是，对孩子吼了一声说："没有！"正当她准备关上门时，那穷小孩展开关爱的笑容说："我就知道你家一定没有！"说完，竟从怀里拿出两根蜡烛，说："妈妈和我怕你一个人住又没有蜡烛，所以我带两根来送你。"

常怀感恩之心，是很重要。这会减少一些抱怨牢骚、烦恼仇恨，心胸就会宽广和舒畅起来；常怀感恩之心，这是一种美好的情感，是生活幸福的催化剂，是事业成功的原动力，是一个人走向高贵，还原纯真的净化器。

常怀感恩之心，让生命更精彩

常怀感恩之心，是人类情感中至真至纯的芬芳美酒；常怀感恩之心，无论你贫穷还是富有，无论你顺境还是逆境，无论你成功还是失败；常怀感恩之心，在你闪烁着感激的泪光中，花儿般灿烂怒放的将是一个春光荡漾的美妙世界！

当你口渴时，爸爸给你递上一杯水，你是否感谢过他呢？当你烦恼时，向妈妈倾诉自己的苦恼，妈妈耐心的听完并教导你，你又是否感激过她呢？常怀着感恩的心，能够更多接受到关怀与帮助，摆脱贫苦和痛苦，从而快乐的生活。一位作家曾说过：我们满怀感恩之情，不仅仅是索取，而且，必须给予，用给予来表达我们的感激之情。是的，大自然是不断循环和流畅的，你给予的越多，你获得的越多，不是吗？只要你付出了，就会有收获。给予收获的规律就这么简单：想要获得快乐，你就必须给予快乐；想要获得爱，你就必须给予爱；想要获取财富，你就必须给予财富。

不要总记着生活给你开的某个玩笑，不要总想着这个社会如何待你刻薄。如果你总觉得不满足、亏得慌，心怀怨恨不满，你就会愈加变得小肚鸡肠、牢骚满腹，你就会对生活失去信心，还会失去健康，以致孤苦伶仃，憔悴不堪，那么快乐和幸福只有永远与你行进在平行线上。

只要我们常怀感恩之心，人生没有什么不幸会让人永久地淹没在痛苦的海洋里。世间的纷争，生活的烦恼，也永远不会屏蔽我们心中发出的淡泊而宁静的妙音。

亲爱的朋友，常怀一颗感恩之心，让宽容与你我同行，我们应该乐观地对待生命，宽容的善待一切。对于你周围的朋友、同学，说声谢谢，会让他们感到快乐；对你熟的人说声谢谢，他们会有种付出得到肯定的满足；对陌生人说声谢谢，会拉近彼此之间的距离。"命运"，不足以阻挡你的前程，只要你能正视困难，化困难为力量，成功后蓦然回首，你就会感谢困难，感谢困苦，感谢贫穷，因为它们才是你的恩人。常怀感恩之心，能让自己的心情更加舒畅；常怀感恩之心，能让我们摆脱贫穷与痛苦；常怀感恩之心，你就会发现，原来一切都是那么美好。

19. 做一个富有爱心的人

爱心是一个人非常重要的心理素质。如果一个人没有爱心，那他就是一个冷漠的人，一个与社会脱节的人。爱心就是关心他人，它的表现形式是多种多样的，并蕴含着深广丰富的内涵。由于青少年处于身心不成熟的发展阶段，因此，青少年必须通过一系列的社会实践和理论相结合才可能使他们真正了解爱心的含义。

青少年为何会缺失爱心

青少年缺失爱心原因如下：

1. 狭隘的生活空间。狭隘的生活氛围使青少年的交往范围只限制在班级同学之间。这种生活空间使他们没有足够的交往空间，他们的烦躁情绪不能正常的释放出来，所以，他们把这种不良的情绪和心理转向周围的人或事物上。

2. 不会表达内心的爱。在这个富裕的时代，青少年们过着衣食无忧的生活，这些是致使他们缺乏爱心的重要原因之一。他们以为亲人的付出是天经地义的，从来都不去想去关爱他们，同时也不知道如何去尊重别人及关爱他人。有些青少年即使心中有一份纯真的爱心，却不懂得应该如何表达出来，久而久之，也就不懂得去爱了。

3. 不良的家庭氛围。家庭环境对青少年的心理健康发展有着非常大的作用。有些家庭中因为亲人之间的关系不和睦，经常吵架或冷战，有时还会出现粗暴的打骂行为，这些不良行为严重影响了青少年的身心健康和思想品德，长期生长在这种家庭氛围中的青少年会缺少亲情、缺少爱，所以，失去爱心也是在所难免的。

4. 没有足够的活动空间。由于狭隘的生活空间使青少年没有足够的活动范围。星期天因为父母在为自己的事情忙碌没时间陪他们去玩，他们除了对着电视或网络来打发自己的时间就别无他事。长久下去使他们缺乏与亲人之间的沟通和交流。因此，环境的影响埋没了他们的爱心和同情心。

5. 父母过分的溺爱。现在大多数家庭都是独生子女。因此，过分的溺爱和包容，无私地为他们打理好生活中一切事情，这样不仅剥夺了让他们回报爱的机会还会使他们觉得自己应该接受别人的关爱，所以，他们为所欲为，不知道体贴和关爱他人。

小案例

李小飞和李慧茹曾是某中学的同班同学。他们两个的成绩在班上都是名列前茅，性格活泼开朗的李慧茹是班中的班长。在高一、高二时她都是寒窗基金的获得者，家境贫寒的她如此才得以保证在校学习的机会。然而，高三那年她的父亲因病去世了，而她家里的几乎所有钱都给父亲治病了，其母亲的收入也不高，家里还有个小妹妹在读小学。因此，她的生活十分困难。虽然李慧茹的高考成绩在班级名列前茅，但是，家中已经没多余的钱供她读书了。李慧茹家境困难的事情很快就在班里传开了，身为学习委员的李小飞第一个站出来，组织班级同学为她凑了 1800 元的学费。后来，林小飞的爸爸知道了此事，非常支持儿子的行为，他积极联系一些企业单位为李慧茹捐款，总共筹得 1 万多元，为李慧茹支付了两年的学费，李慧茹在人们的爱心和支持下，才得以继续在学校深造。

爱心是一个人发自内心的真实感受，也是一种纯洁不需要任何回报的善举。其实，爱心不只是捐款、捐物，它主要是拥有一颗助人为乐的博爱之心，它不是用金钱或物质来衡量的。因此，青少年的爱心不能靠强行灌输培养，更不是用没有理智的溺爱换来的。这种行为是他们通过自然而然的模仿逐渐形成的，就像"随风潜入夜，润物细无声"那样从外到内的发展过程，需要父母和教师的直接爱心才能播种出来的。

如何培养你的爱心

青少年如果拥有爱心将会受益一生。因为，在这个世界一个充满爱心的人会得到更多的快乐和自信。所以，青少年要想做一个富有爱心的人，那就从以下几点入手：

1. 强化自身的友好行为。如果青少年在日常中帮助别人或者给贫困生捐款，父母或老师一旦知道，要及时地给予他们鼓励，久而久之，青少年就会形成尊老爱幼、相互帮助并富有爱心的友好行为。

2. 多接触大自然。青少年要多与大自然中的植物和动物接触，这样可以锻炼自己爱心迁移的能力。学会爱护大自然中的一草一木，你会觉得世界上的爱心无处不在。

3. 学会关心他人。在日常生活中，青少年要学会帮助和关心身边的每一个人，当你的同学生病了，你可以去看望他并给予他安慰，必要时还可以为他提供一些力所能及的物质或精神上的帮助。

4. 多参加一些有益的爱心公众活动。学校或社会上有很多献爱心的公益活动，青少年可以有意识地参加一些。比如捐款活动，为那些贫困的人，献上一份属于自己的爱心，这样，爱就会融入到你的生活当中。

第四章

学生阳光心理教育的主题活动

1. "我们是朋友"主题班会活动方案

活动背景

现在的独生子女，他们渴望长大，渴望友情，渴望探求未知世界。面对复杂的社会、未知的人生、学习的压力、家庭的矛盾、朦胧的情感，他们常常感到困惑、矛盾，甚至苦闷。在校园生活中，学生们表现出缺乏生活适应、信心，逆反叛逆心理严重、思想偏激，学生毕业升学压力大等问题，需要将其展开，举行主题班会，使全体受到教育。学校积极探讨这方面的问题，根据以人为本、健康促发展的理念，决定与德育结合，每学期至少进行一次心理健康教育主题班会评比活动，正确疏导学生的心理，教育学生形成良好的心理品质、健全的人格，提高学生的思想道德建设工作具有实效性。

活动目的

（1）让同学懂得交友应注意的误区，通过活动，消除困惑，走出误区。

（2）感受人生的欢乐和幸福，从而以一颗积极乐观的心来善待周围的每一个人，善待生命的每一天。

活动准备

（1）主持人报名，从中确定两位，写好开场白及过渡语。

（2）会前要求每个同学搜集准备有关中学生交友、友谊等资料，自由选择，加入相应的话题组，组织好发言材料。

（3）班会活动前由值周班长负责布置好场地。

活动过程

导入

主持1：盼望着长大的童年在不知不觉中远去，步入中学的少年陆续受到青春之神的点化，渐渐地拥有了属于自己的成熟与"长大的脸"。

主持2：稚气日脱的身影闪烁着青春的光彩，充满着青春的活力。

主持1：颗颗年轻的心，翻腾着青春的浪潮；

主持2：颗颗年轻的心，品尝着青春的滋味。

主持1：在这花季的岁月里，给我们这些少男少女带来了兴奋和惊喜，也带来了焦躁和烦恼。

主持2：在这五光十色的妙龄里，多了些梦幻，多了些朦胧的"爱"。

合：同学之际，男女之间——《我们是朋友》主题班会现在开始。

主持人1：今天，主题班会的主要议题是："走出同学交往的心理误区"。在本班会召开之前已按要求，由同学们准备话题，按预先设计的程序进行。

主持人2：下面先请班主任老师讲话。

班主任：同学们，非常高兴地看到你们长大了，然而在你们成长途中，竟会有那么多的烦恼。今天特地把你们平时谈论的热门话题——"同学的交往"摆在你们面前，我相信你们一定会正确处理。我只是希望大家说心里话，要实话实说。下面的时间就留给同学们吧！

（每组组长提出话题，集体讨论，组长代表本组小结）

话题一：友情是亲密的，要不得距离

话题的小结：建立良好人际关系的重要条件是心理相容，而促进心理相容的途径之一就是彼此缩短心理距离。

从这个角度看，彼此之间心理距离近是件好事。然而物极必反，两人距离太近了，也会令人不舒服。这是因为在人际交往中，每个人都要求独占一定的空间，此空间叫人际空间。由于它像一个大气泡包围着一个人，因此有的心理学家就形象地称之为"人际气泡"。距离太近了，人际气泡就会相互挤压，其独立的要求就得不到满足，人于是就有了被侵扰得不舒服感。可见，人们一方面需要与他人建立密切得关系，另一方面又需要一定的独享的心理空间。

日常学习生活中，很多同学一度关系很好，无论做什么都要结伴而行，甚至入厕也要同行，可结果往往是好景不长，或渐渐疏远，或不欢而散。以致有的同学抱怨说，我对他很好，他为什么疏远我、背叛我？其实，这哪里是什么疏远与背叛，很大程度上是对方感觉到"人际气泡"的"拥挤"，想尝试着拉开一点距离，而这种尝试一旦得不到另一方的理解甚至被误会，结果可想而知。所以距离实在是很微妙的东西，太远了，不行，无法沟通；太近了，也不行。适当地拉开一点距离，不仅可以使双方获得足够的心理自由度，感到舒服和自在，还可以增加距离美感，从而让关系更为融洽和谐。

如何亲密而又有间？有人说若即若离，这万万不可，因为它给人的是一种对友谊不忠诚的感觉。但我们可以从调整空间距离入手，来控制与之密切相关的心理距离的远近。当然最重要的还是双方日常活动保持一些独立性，不要你说什么我就说什么，我做什么你就做什么。好友之间多培养些独立性，减少些依赖性，行动上就自由了，心理上也就自由了，距离感也就恰当了。适度的距离更会使人享受到友谊的快乐。

话题二：友情是和谐的，来不得冲突

同学、朋友之间的关系应当和谐，但产生了冲突该怎么办？

话题小结：同学交往中的冲突并不能全盘被否定，应该辩证地看待。如果一场冲突真的无法避免，那就干脆让它自然地、痛快地、健康地爆发吧。相信雨过之后天将更蓝，阳光将更灿烂。如果非要一个劲地捂着盖着，生硬地回避着，那"疖子"无法出头，友谊只会渐渐霉变。

冲突并不可怕，可怕的是冲突发生时我们可能会因无法控制住自己的情绪，无法保持清醒的理智而伤害到友情。对此，我们必须牢记这样的原则，即面对对方突发的言行，不能针尖对麦芒以牙还牙，而应该采取谅解与宽容的态度，驾驭住情绪，让智慧支配言行，让善良支配智慧，善待对方，化解冲突。

话题三：我对他或她产生了一种朦胧的感情

早恋问题是现今校园的较普遍现象，应当怎样去面对，怎样去处理？

话题小结：中学时代是打基础时期，将来从事何种事业还没有定向，对每个中学生来说，今后的生活道路还很长，各人将来将从事什么职业，在什么地方工作，都是难以预测的，而且随着时间的流逝，生活的变迁，个人的思想感情将不断发生变化。中学时代的山盟海誓往往经不起现实生活的严峻考验，中学时代的早恋十有九不能结出爱情的甜果，而只能酿成生活的苦酒。

中学生的早恋往往是情感强烈，认识模糊。相爱的原因往往极其简单，没有牢固的思想基础，比如有的是受对异性的好奇心、神秘感的驱使；有的是以貌取人，被对方的外表风度所吸引；有的是羡慕对方的知识和才能；有的是由于偶然的巧遇对对方产生好感等等。中学生的早恋好比驶入大海的没有罗盘、没有舵的航船，随时隐伏着触礁沉没的危险。

因此，可以积极参加一些文娱体育活动，培养自己的阅读兴趣，在这些活动种培养健康情趣，发展爱好特长，使过剩的"青春能量"得到有益有效的利用；还可以在各种活动中促进异性同学间的相互了解，学会如何尊重异性，学会与异性相处的基本礼节和能力；假如收到情信，你不知如何处理，可以去咨询心理健康老师，或者与你信任的老师交谈，让他们帮你出谋划策。

班主任老师：同学们，这次活动组织得十分成功，同学们几乎成了心理健康研究的小专家了。刚才同学们就"同学们交往的三个心理问题"谈话非常切中，道理也说得很对。我想同学们应该明白一个事实：中学时期是个体、人际关系相对单纯的时候，这一时期同学的人际关系交往的对象主要是父母、老师和同龄伙伴，人际之间少有直接的利益冲突。如果此时的每个同学都能以自然、坦诚、平等、友好的态度对待他人，能够理解他人的情感需要，尊重他人的权益、意志，真诚地赞美、善意地批评与帮助他人，一定能与他人保持和发展融洽的关系，并从中获得友谊和生活的乐趣。

活动反思

在整个主题班会材料的准备过程中，同学们在老师的指导和引领下，学到了许多有关心理健康方面的知识；同时，在话题讨论，介绍有关知识的过程中让一部分平时性格不太开朗、一部分比较内向的同学得到了锻炼，变得开朗起来；也锻炼了同学各方面的能力，收到了意想不到的效果。为了巩固成效，我们将进行"时代需要心理健康"的系列主题班会如："珍惜自己，尊重别人，关怀弱势团体"，"珍惜家人、重视友谊、热爱集体"，"尊重大自然养成简朴的生活态度"从而让学生会思考生死问题，并探讨人生终极关怀的课题，使其立志做一个朝气蓬勃、智慧多元、追求生命理想的健康一代，这样就真正发挥了心理健康教育的作用。

2."青春期异性交往"主题班会活动方案

活动背景

处于青春发育期的同学，开始对两性关系产生朦胧认识，在同学关系上开始由对同性好感转为对异性好感。看到有关两性内容的书或电视，他们会产生莫名的冲动和兴奋，看到漂亮的异性时，脑子里也会情不自禁地想入非非。这是发育过程中正常的性生理和性心理现象，但这时的少男少女，无论身体或心理，都远未达到成熟，绝不可以沉溺其中。青春期要正确对待异性交往，既不可沉溺其中，也不能扭扭捏捏。为帮助青少年端正认识，明确方向，特地举行本次主题班会。

活动目的

（1）帮助学生了解青春期心理发展的特点，明确异性交往是青春期心理发展的自然规律。

（2）引导学生树立正确的异性交往的原则和方法，并用以引导自己的异性交往行为。

活动准备

（1）准备多媒体演示文稿。

（2）由老师指导排练心理剧。

（3）由值周班长负责布置好场地。

活动过程

班主任老师讲故事

（1）通过薄伽丘《十日谈》中的一则故事，引入话题"青春期需要异性交往"。

小结：青春期是童年走向成年的过渡，是青少年生活的重要时期，要经历躯体和心理上的急剧变化。

（2）影响生长的物质主要是人的脑垂体前叶的五种激素（即五种荷尔蒙），其中的两种促黄体酮生长激素（LH）和促滤泡成熟激素（FSH）产生性腺，他们可使男女产生雄性激素和雌性激素。而激素产生的效应就是异性相吸。

（3）歌德有诗"青年男子谁个不钟情，妙龄女子哪个不怀春？这是人性中的至洁至纯。"

心理学上的异性效应：某中学组织同学外出野餐。第一天，老师让男女同学分席而食，结果是男生个个狼吞虎咽，女生则嬉笑吵闹，同样杯盘狼藉。第二天，老师让同学男女合席而食，则出现了另一番风情，男生个个彬彬有礼，你谦我让，大有君子风度；女生则个个细嚼慢咽，温文尔雅，大有淑女风韵。

小结：男、女同学表现出想与异性交往的行为是一种自然而然正常的现象，适当的异性交往是必要的，大可不必遮遮掩掩，犹抱琵琶半遮面。

心理剧表演

"收到一封烫手的信"

情景一：一男同学收到信，在同伴中炫耀。

情景二：一女同学收到信（写信的男生她看不起），在教室中当场把信撕了。

情景三：一女同学收到信以后，对写信人不做任何答复。

讨论：如果你收到这样一封信，你将会怎么办？

小结：异性交往的原则

（1）注意交往的方式。

青少年男女以集体交往为宜，在异性的集体交往中，一些性格内向、不善交际的同学，免除了独自面对异性的羞涩和困窘；一些喜欢交际的同学，则满足了与人交往的需要。每个人都融入到了浓浓的集体氛围中，在集体中的异性交往，每人所面对的是一群异性同学，他们各有所长，或幽默健谈，或聪明善良，或乐观大度，或稳重干练，……使我们在吸收众人的优点的同时，开阔了眼界和心胸，避免了只盯住某一位异性而发展"一对一"的恋爱关系。

（2）把握交往的尺度。

在公开场合的交往，女同学应端庄、坦荡，不使对方产生误解、非分之想；男同学应庄重、沉稳、尊重对方。

如果我也收到"一封烫手的信"，我们应遵循的原则是，态度要明确（不能含糊其辞，或不置可否，引起对方的误解、猜测），方式要委婉（不能伤害他人的自尊心）。

"我的异性交往困惑"

事先请同学写出自己平时生活中的异性交往困惑，不署名。归纳为以下四点：

（1）有的同学在异性面前表现得很内向，感觉无话可说，没有共同话题，而在同性朋友面前感到很放得开。有的同学想参与异性同学的话题讨论，却没有勇气。

讨论并小结：

青春期性意识发展有不同阶段，每阶段的心理表现是不同的（疏远异性期，向往年长异性期，渴望接近异性期等）。有的同学就处于疏远异性期，建议增强性别魅力，男性要表现出男子汉的气质：胸怀博大，情感深沉，性格开朗，情绪乐观，风度潇洒，坚毅刚强，有进取心，责任心和幽默感；女性要表现出女性特有的魅力：活泼开朗，举止大方，温文尔雅，仪表端庄，亲切善良，富于同情心。这种性别的特殊魅力，会赢得异性好感，会使交往自然而协调。

（2）什么时候开始谈恋爱最合适？

讨论并小结：打个比方，我们游泳，有浅水池和深水池。不同的人根据自己的情况，选择是不一样的。只有拿到了深水证，才有资格到深水区畅游。请扪心自问，在爱情的长河中，你有深水证吗？你可以控制水深、水浅吗？若是不顾一切的游向深处，就算给你个救生圈，你能安全上岸吗？你们稚嫩的肩膀，真的能像成人一样承受爱的重量吗？

（3）有时路上碰巧与认识的异性相遇，却不知该如何打招呼，只得视而不见。

讨论并小结：排除异性交往的不自然感。异性交往要像同性交往一样，敞开心扉，坦诚相待，该说的话就说，该做的事就做，只要心里踏实、坦然，纯洁的友谊最终会经得起时间和事实的考验。

（4）有时与异性朋友很谈得来，彼此相处也很愉快，但往往遭到别人的起哄、嘲笑，甚至"乱点鸳鸯谱"。

讨论并小结：起哄同学大多并无恶意，但他们的行为却恰恰透露出内心对异性交往的向往和好奇，不必太在意，只要遵循异性交往的原则，纯洁的友谊会得到大家的认可。

班主任总结

男女同学通过正常的交往活动可以增加相互间的了解，认识到男女之间的生理、心理差异。这不仅可以消除神秘感，而且可以使男女同学对异性的好奇心和向往转变为在日常生活和学习中的相互关心、帮助和体贴，从而提高自己对性道德价值的认识，建立起健康向上的异性友谊。

活动反思

青春期的异性交往历来是个敏感的话题，教师、家长、学生都不约而同、小心翼翼地回避这个话题，一旦发现男、女同学之间交往增多，老师和家长虽不至于视之为洪水猛兽，但神经紧张是免不了的。

本次"青春期异性交往"主题班会，从筹备到正式举行，学生们的表现都令人满意。他们没有人们想象中的那么拘谨，相反的都能落落大方，坦然面对这个话题。无论是心理剧表演，还是自由讨论发言，他们都很真实、坦诚。在进入"我的异性交往困惑"这个环节时，甚至有学生大胆提出"什么时候开始谈恋爱最合适？"这还真是个说不清道不明的问题，对此班主任未作正面回答，而是用生动形象的比喻启发学生，让他们领悟其中的道理。

一节课的容量毕竟有限，学生们的交流发言无法展开，这是个遗憾，但这次直面类似"早恋"这样的话题却是一个突破，一个新的起点。只要把握好异性交往的方式、尺度，消除人为造成的神秘感，那么异性友谊不但有助于个性的全面发展，还有助于培养青少年健康的性心理。